2年生になっても
学級が崩れない
小学1年生の育て方

元山瑶子
〔著〕

東洋館出版社

はじめに

多様性を尊重しながら生きる大切さが説かれるようになって久しい今日ですが、小学校ではいまも、30～40人もの子どもたちが狭い教室というスペースに収まり、決められた日課に従って、規則正しい生活を送っています。

私自身、日本の小学校生活を経て大人になり、学校ボランティアや教育実習を経て小学校教員になりましたが、そうしたなかでこれまでたくさんの「学校が合わない子」に出会ってきました。

「合わない」理由はさまざまです。

集団生活への適応がむずかしい子もいれば、学習内容がわからなくて興味が別のところにいってしまう子もいます。不安感からお母さんと離れられなくなってしまう子、友達の気持ちが想像できなくて仲よくできず、孤立してしまう子もいます。

学校生活に対するしんどさも、それぞれです。

しんどさの自覚があって登校できなくなる子もいれば、無意識のうちにストレスを溜め込みながら学校生活を送っている子もいますし、突然なにかが爆発したかのように性格が変わってしまう子などもいます。

教育を受けるのは本来、子どもたちの権利（日本国憲法第26条）なのですが、学校が合わない、しんどい子たちにとって学校は、「本当は行きたくないのだけど、行かなければならない（と大人から言われている）場所」です。

私はこれまで一人の教員として、なにができるのかを試行錯誤しながら子どもたちとかかわってきました。そんなとき、ふと目に留まった言葉が「心理的安全性」です。

心理的安全性とは、「組織やチーム全体の成果に向けた、率直な意見、素朴な質問、そして違和感の指摘が、いつでも、誰もが気兼ねなく言えること」（石井遼介著『心理的安全性のつくりかた』日本能率協会マネジメントセンター、2020年）を言います。これは、小学生の子どもたちにとっても必要なことなのではないかと思い、「教室の心理的安全性」について考えるようになったのです。

結論から言うと、「どの子も屈託なく学び合える学級こそが、子どもたちの心理的安全性を保障する」と考えています。むずかしいことのように思われるかもしれませんが、言い換えれば「どの子も、なんとなく居心地がいいと感じながら毎日を過ごせること」にほかなりません。

公立の小学校には、さまざまな個性をもった子どもたちが集まります。

リーダーシップをとれる子もいれば、発表することは苦手だけれどじっくりと考えることができる子、考えることは苦手だけれど一生懸命な子、いつも自分の頭のなかの世界に夢中な子など、本当にさまざまです。

こうした個性豊かな子どもたちがみな、毎日を安心して過ごせる、だれかに忖度することなく自分の考えを言える、わからないことをわからないと言える、自分たちの考えをもちよって共に学び合える学級になっていればこそ、周りの人々とのかかわりをよいものだと肯定的にとらえ、協力し合いながら成長していけるのだと思います。

言葉にすると、とても当たり前のことです。しかし、「どの子も」と考えると、本当にむずかしいことです。加えてこのむずかしさは、コロナ禍以前より、より難易度が増しているように思います。

これは、コロナ禍以降に感じるようになったことですが、「小学生の様子が変わりつつあるのではないか」ということです。

「ポスト・コロナ禍」を生きるいまの子どもたちには、（以前にはあまり感じられなかった）いくつかの特徴的な傾向があるように思います。あくまでも私の主観にすぎませんが、以下の傾向です。

①他人の様子を察する力に長けている。
②知らない人や物事に対する警戒心が強い。
③怒りや不満の矛先が自分の内側に向かいやすい。

ここで取り上げるのはいずれも、私の身のまわりにいる子どもたちの姿です。

①他人の様子を察する力に長けている

長期間のマスク生活を経たことで（相手の口元が見えないことで、かえって）、相手の様子をよく観察する子どもが増えたように感じます。目元や発言の調子、動きを見て感情を読み取ったり、希望や意図を察して手伝ったりする力が、以前よりも高くなっているのです。

②知らない人や物事に対する警戒心が強い

ウイルスという目に見えないものを警戒しながら過ごしてきたからか、さまざまな人や事柄に対する警戒心が強まっているように感じます。

時代の変化や地域性によるところも大きいのでしょうけれど、少なくとも私の周辺では、近所の人や学校の職員に対してであっても、面識のない人に対しては挨拶しない子ども、生き物に対して警戒心をもつ子ども、はじめて行う活動に対して抵抗感をもつ子どもが増えています。

そのためか、〝（失敗してもかまわないから、あるいは、おもしろそうだから）まずはやってみよう〟という気持ちをもちにくくなっているように感じます。

コロナ禍以前であれば、入学して早々でも、担任の先生にはすぐに心を開く子どものほうが多かったのですが、ここ数年は家族にべったりで、クラスメイトにもなかなか心を開こうとしない子が増えています。交友関係も狭く、学級担任に対しても、1年近く一緒に過ごしてようやく自分から話しかけてくるようになった…という子も何人かいます。

③怒りや不満の矛先が自分の内側に向かいやすい

これが一番大きな変化として感じていることです。

自分の怒りや不満を周囲に対して爆発させる場面に出合うことが本当に少なくなりました。兄弟姉妹のいない子どもが増えたこととも関連があるのかもしれませんが、明らかにクラスメイトに対する暴言や暴力が減っているのです。

しかし、怒りや不満をもたず、おおらかになった（あるいは、小学生の社会性が高まった）わけではありません。なにかしら不愉快な目に遭うたびに〝絶対に許さない〟という感情を心の内にため込んでいるように感じられます。

こうした強い感情が外側に向かわず、自分の内側に向けてしまうのです。そうした子の何人かは、自分を卑下してみたり、不安や緊張が強く出たりします。なかには、学校に来られなくなる子もいます。

ほかにも、（SNSの普及もあって「目立ちたい」「有名になりたい」という願いをもって実際に行動に移す子どももいる一方で）〝自分なんて…〟〝どうせ…〟〝なにをやったって…〟と考えて目立つことを嫌がる、自分から前に出ようとしない子も増えています。

ただし、そうした子も「（目立つ行動はしたくないけれど）自分も目立ちたい」「（前には出たくないけど）有名になりたい」という矛盾した願いを隠しもっています。こうした捻れた感情が、活躍している人や目立つ人に対する嫉妬心となり、（一人では心もとないので）仲間をつくって陰口を言い合ったり、だれにもわからないようにいやがらせをしたりしてストレスを発散しようとします。

このように、真っ当に努力することを嫌がり、安全地帯に身を隠してネガティブなたのしみに耽ろうとする傾向があるのです。そうすれば自分は傷つかず、もて余した感情をどうにかできるはずだと考えているのかもしれません。

もちろん、こうした子どもたちは昔からいるものです。ただ、そうした子が増えているように感じるのです。しかも、（思春期を迎えた）高学年の子どもたちだけではありません。低学年でも見られるようになっています。コロナ禍によって暮らし方や周囲の人々とのかかわり方が変わったことで、より習慣化・強化されているかのようです。

とはいえ、子どもの姿がどのように変わったとしても、私たち教師が一番に育てるのは子どもたちの心です。このことに変わりはありません。ストレス過多の時代だからこそ、よりいっそうその必要性を感じています

過去の常識が通用しない時代（ＶＵＣＡ―変動性、不確実性、複雑性、曖昧性の時代）を生きていくことになると言われる子どもたちです。この子どもたちが力強く、そして幸せに生きていけるようになるために必要な力（とくに小学校で身につけせたい力）を、私は次のように考えています。

●社会性。人と協力しながら、コミュニティのなかに自分の居場所をつくれる力
●心を安定させて穏やかな気持ちでいられる力
●前向きに自分と向き合うための打たれ強さ

●考える力、変化に対応していく柔軟さ、簡単に騙されない思考力、判断力
●学ぶことや成長に喜びを感じながら学ぶ力

小学生に限らないことだと思いますが、人生の幸福度や安心感は、「どんなことに目を向けて生きているか」にかかっているのだと思います。同じ状況に置かれた人であっても、その状況をどうとらえるかによって幸せに感じることもできるし、不幸せに感じられることもあります。つまり、（よほどハードな状況でない限り）物事へのとらえ方次第だということです。

コロナ禍で小学校が休校になった年、私は6年生の担任をしていました。子どもたちは「いつもどおりの運動会ができない」「修学旅行も制限がたくさんある」といった状況のなかで過ごしました。

それに対して、子どもたちは次のめあてをもって行事に取り組んでいました。
「自分たちにできる、最高の運動会をつくる」
「制限があるなかで、最高の思い出をつくる」

いろいろなことがありましたが、この子たちは笑顔で卒業していきました。その姿は私自身の目に焼きつき、これから先もずっと忘れられないと思います。

コロナ禍を経て確信を得たことがあります。それは、どのような時代を生きていくにしても、子ども自身がどのようなマインドをもつか、つまり心のもち方が重要であるということです。そして、そんな子どもたちとかかわる私たち教師に求められているのは、子どもたちが成長していけるように伴走することです。

私たち教師が、その子どもたちと直接的にかかわれるのは、わずか1年です。そのため、3月に必ず訪れる別れを見据えながら、そこまでにつけたい力をどのようにつけさせるのかを逆算で考えて計画し、実行していく必要があります。

それには、「考える」「体験する」「成長を実感する」場面をたくさんつくる以外にないと思います。そうすることが、自分の力で未来を切り拓いていける力につながっていくはずです。なにしろ、1年間という短い期間中にみるみる成長していく様子をたくさん見てきましたから。子どもたちの吸収力は本当にすばらしいと思います。

学級の主役は子どもたちです。子どもたち同士のかかわりが充実した学級であってこそ成長できるのです。

何年か経って、「そういえば、担任の先生って、どんな人だったっけ？」と思われるくらいの存在感でありたいと私は考えています。

令和7年1月吉日　元山　瑶子

【目次】

第2章　脱・小1プロブレムの1学期

第3章　挑戦し、成長を実感できるようにする2学期

第4章 自分軸をもたせる3学期

終章 道徳科授業を通じて子どもたちに育みたいこと

第1章
入学式前の準備で環境を整える

1年生のときに学んだことが、その後の学校生活の土台になる

はじめて小学1年生の担任に決まったとき、周囲の先生方からこんな言葉をかけられたことがあります。

「1年生は簡単だよ。授業も楽でいいね」

「1年生はむずかしいよ。がんばってね」

正反対の言葉ですよね。1年生とはどんな存在か、1年生を受けもつとはどういうことなのか、その先生のとらえ方次第で印象が変わるということなのだと思います。

私自身は、「1年生を担任するのは特別なことだ」と考えています。どの学年であってもむずかしさや苦労はつきものですが、なかでも1年生は、6年間の小学校生活において最も重要な時期だと考えているからです。

そう考える理由はいくつかあるのですが、一番の理由は、1年生のときに学んだことは（考えたことや感じたことも含め）、その後の学校生活を送るうえでの「土台」や「当たり前」になっていくと思うからです。

身近な例を挙げましょう。

たとえば1年生のとき、「教科書など、忘れ物をしたら先生に報告する」と教わり、隣の子に見せてもらう経験を積んだ子どもは、2年生になって担任の先生が変わっても、「先生、教科書を忘れてしまったので隣の席の子に見せてもらいます」と報告しに来ます。そうしたことを1年生のときに教わっていない子どもは、教科書を忘れてしまうとどうしていいかわからず（担任の先生が気づかない間）、困ったまま黙って授業を受けようとします。

こうしたことはほかにもたくさんあり、1年生のときに教わっておきたいことがなされていないと、2年生になったときに次に挙げるようなことが起きます。

- 避難訓練に真剣に取り組めない。
- 言われないと当番活動の表を動かせない。
- トラブルはすべて担任が解決すると思っている。
- 教室を移動するとき、準備が終わっていない子がいても出発してしまう。
- 給食調理員さんなど、校内でお世話になっている人にあいさつができない　など。

すでに2年生に進級してしまってから「当たり前」ができるようにするのは、子どもにとって本当に大きな負担です。

そうならないよう、1年生のときに教わっておくべきことがすべての学級担任のもとで共有されていることが大切です。そうすれば、進級しても子どもを戸惑わせることが少なくなり、子どもたちの安心感にもつながります。

とはいえ、新入生を迎える4月は慌ただしい毎日です。入学式の前はたくさんの準備に追われ、学年の先生方とゆっくりミーティングする時間をとるのがむずかしいと感じる先生は多いでしょう。

しかし時間が限られているとはいえ、学年の先生方と共通理解を図りながら準備を進めるのとそうでないのとでは、雲泥の差が生まれてしまうのです。そうした準備の一つひとつが、入学してくるぴかぴかの1年生の学校生活を左右するからです。

小学校入学と同時に子どもたちは、自分が「過ごす環境」「かかわる人たち」「（そもそも学習とはなにかも含め）学習の仕方」が様変わりします。こうした変化に対して強い不安感やストレスを覚える子どもは少なくありません。

そこで本章では、年度スタートから入学式までの間にどのような準備をしておくとよいかについて述べていきたいと思います。

〈入学式前の準備のポイント〉

●（1年生のための）スタートカリキュラムについて知っておく。
●学年経営方針や情報伝達方法を教師同士で確認し合う。
●（新しい場所でも困らない）ユニバーサルデザインを意識した環境をつくる。
●歓迎する気持ちを伝える入学式の準備をする。

スタートカリキュラムについて知っておく

スタートカリキュラムとは、「小学校へ入学した子供が、幼稚園・保育所・認定こども園などの遊びや生活を通した学びと育ちを基礎として、主体的に自己を発揮し、新しい学校生活を創り出していくためのカリキュラム」（国立教育政策研究所教育課程研究センター『スタートカリキュラムスタートブック』平成27年）を言います。

その取組の一つとして挙げられるのが、教科を横断した大単元から各教科の単元へと分化していく学習です。たとえば、生活科で学校探検を行い、「活動して発見したことを伝えたい」という子どもの意欲を生かし、国語科、音楽科、図画工作科において表現活動を行うといった取組（合科学習）が考えられます。

ほかにも、1コマを2～3に区切って休憩時間を多めに取ったり、生活科と関連させて自己紹介を行う活動などをしたりします。

このスタートカリキュラムが生まれた背景には、「小1プロブレム」があります。

小1プロブレムとは、小学校に入学してからの学校生活に適応できず、精神的に不安定な状態が続くことで起こる子どもの行動全般を指します。例を挙げれば、「先生の話を聞けない」「授業中に騒いだりする」「座っていることができず、立ち歩く」といった行動です。

「幼児期の教育と小学校教育の接続について」（文部科学省資料）によれば、小1プロブレムが起きてしまう主要因は「家庭のしつけ」や「児童の自己抑制に関するもの」だとされていますが、一口に困り感のある子どもと言っても、一人ひとり性格や特徴は違いますし、困っている内容も異なります。その日のコンディションに左右されることも少なくなく、朝の過ごし方や家族とのかかわり、登校班での出来事やその日の天気によっても、学校で見せる姿が変わります。

「最近、調子がよさそうだね」などと言葉をかけた翌日から急に学校に来られなくなった、ということもあります。こうしたことから、固定的な思い込みにとらわれずにその日の子どもの様子を丁寧に見取り、温かいかかわりを心がけながら接することが大切なのだと思います。

スタートカリキュラムでは、小学校入学前に子どもたちがどんなことを学んできたのか（どのように成長してきたか）を大切にしながら、新しい環境である小学校生活に適応できるようにすることを目指します。週の計画や単元構成などをどうデザインするかも大切なのですが、一番重要なのは、子どもたちの心の状態だと考えています。

- ●精神的に安定した状態で過ごせる環境づくりを目指すこと。
- ●「我慢させられている」という不満を抱くことなく過ごせるようにすること。
- ●可能な範囲で学校生活に適応し、成長を目指せるようにすること。

心に余裕があってこそ、新しいものを受け入れることができるようになります。小学校への入学という環境の変化そのものをなくすことはできませんが、それに付随する他のストレス要因を極力取り除いていくことが子どもたちに安心感をもたらし、心にゆとりをもたせます。

以前の勤務校（相模原市立横山小学校）では、『横小スタートカリキュラム』に取り組んでいました。この取組で特徴的だったのが、月齢別クラス編成と担任ローテーションです。

入学式を終え5月の連休までの間、男女比を考慮しながら生まれ月が早い順に編成した月齢別クラス（仮クラス）で子どもたちは過ごします。教師のほうもそれぞれ担当するクラスはあるものの、2日に1回ローテーションしながら他のクラスの学習活動に携わります。

この月齢別クラスで過ごすことのメリットはたくさんあり、例を挙げると次のとおりです（横山小での実践内容については、第2章で詳述します）。

●生まれ月の近い子たちと過ごすので、育ちの違いを感じることなく（自己肯定感を下げることなく）、安心して過ごせる教室環境をつくれる。
●作業スピードなどを合わせながら、発達段階に応じてきめ細やかに指導できる。
●担任する教師がクラスをローテーションするので、複数の目で子どもたちの様子を見取ることができる。
●ローテーションすることによって、指導内容や進度が揃う。
●クラス替えにより、多くの子どもや先生とかかわる機会ができる。
●子ども同士や担任とのかかわりを丁寧に見取ることができるので、正式な学級編制を行う際に均整をとりやすくなる。

ブレない指導につながる教師のチームワークづくり

小学校の教師は、毎年のように受けもつ学年や、同じ学年を受けもつ先生方が変わります。これは言うなれば、1年ごとに所属チームや所属メンバーが変わるようなものです。そのたびに、すり合わせを行いながら連携を図っていかなければなりませんから、本当にたいへんです。

他学年の先生と話をしていると、だれとなく「今年のメンバー（学年）は…」などと切り出します。そうした話題の中心は、（よい場合にも、そうでない場合にも）同じ学年を組む先生同士のチームワークについてです。

このチームワークが芳しくないと、次に挙げるようなことが起きてしまうことがあります。

●連絡、伝達ミスが起こる。
●担任間のコミュニケーションに不協和音を感じ取った子どもたちは、居心地が悪くなる。

●担任の教師に対する子どもたちの依存心が強まる。
●学級間の対立構造が生まれやすくなる。
●学習指導・内容がバラバラになってしまい、翌年度以降にも悪影響を及ぼす。
●学級によって宿題の有無や内容、掲示物が異なってしまうことで、子どもや保護者が不信感を抱くこともある。
●行事の最中にトラブルが起こり、失敗する。

こと1年生に関しては、学習や生活習慣の基礎となる指導が多岐にわたって行われます。鉛筆のもち方、給食のときのマナーや掃除の仕方、学習規律などが学級ごとに違っているだけでも、2年生になった途端に戸惑う子どもが続出し、学級が崩れてしまうこともあります。

ところで、（私自身がこれまでに出会ってきた範囲ではありますが）どの先生も、だれにも譲れないと思うこだわりや信念をもって仕事をしていると感じています。とても個性豊かですから、（単級の学年でもない限り）同じ学年の先生方の意見がすべてぴったり合うといったことはまれです。

そのようなかにあって必要となるのがチームワークです。このチームワークづくりのために手応えを感じることができたのは、次の8つの取組です。

1　年度はじめの昼食会、お茶会で互いを知る。
2　共同作業の場を多くつくる。
3　情報共有はメンバーが揃った場で行う。
4　仕事から離れられるブレイクタイムを設ける。
5　ポジティブな言葉は意識的に声に出す。
6　ネガティブな言葉は行事後の反省の弁を活用して出す。
7　雑用などとは思わずに進んで仕事を引き受ける。
8　得意分野を生かせるように仕事を分担する。

一つひとつ見ていきましょう。

1　年度はじめの昼食会、お茶会で互いを知る

年度はじめのバタバタした時期でも、昼休憩時間などはあります。そのタイミングを利用して、交流を深める機会をつくります。

まずはアイスブレイクです。自己紹介をしたり、質問し合ったりしながらお互いのことを知るきっかけとします。多少なりとも打ち解けてきたら、「これだけは譲れない」といった思いやこだわりについて聞いておくようにします。そうするだけでも、後々なんらかの意見の相違があったとしても、揉めごとに発展せずに済みます。

ちなみに、私は必ず誕生日を聞いてカレンダーにメモしておき、その日が来たら（学年メンバーと意思疎通しながら）プレゼントやスペシャルおやつを用意しておき、お祝いするようにしています。

2 共同作業の場を多くつくる

年度はじめなどの休業期間中は、先生方の多くが職員室にいます。ときには、居心地の悪さを感じて（自分の受けもつことになる学級の）教室にこもりたくなることもあります。こうしたとき、自分の気持ちを抑えて学年メンバーと行動を共にすることが大切だと思います。

教室に掲示するものや、あらかじめ用意しておいたほうがよいものを学年メンバーで相談しながら決めて一緒に準備します。すると、あえてすり合わせをする機会を設けなくても、実際に使う道具が学年で揃えられていきます。

また、だれかが便利なツールやデータをもっていれば、それらを共有して一人ひとりの作業時間を軽減することもできます。ハサミ等を使った単純作業を行うときであれば、ちょっとしたミーティングの場となります。

3　情報共有はメンバーが揃った場で行う

学年チームで動く際にむずかしいと感じるのが、情報共有です。1学年2学級であれば（2人で行えばよいことなので）確実に共有できるのですが、3学級以上ともなると、伝言ゲームのように細かなところが食い違ってしまったり、情報そのものが伝わっていなかったりすることもあります。

そこで、チームで共有できるデータに連絡事項を入力しておいて確認し合えるようにするなど、連絡手段や手順をあらかじめ決めておくとよいでしょう。また、緊急時の連絡は、学年メンバーが廊下などに全員集まってから行うようにしておくと、落としがありません。

4　仕事から離れられるブレイクタイムを設ける

放課後などのわずかな休憩時間は、学年メンバーの貴重な憩いの場にすることができます。お金を出し合って買ったおやつや飲み物を用意しておき、仕事の話は脇に追いやって一息つきながら談笑する場です。

ほんの少しでもそんな時間があれば、忙しい時期でもお互いに心穏やかに過ごせるようになります。とくに話したいことがなくてもよいのです。たとえば、飲み物の種類を増やして「どれにしようかな」と選び合うだけでも十分。大切なのは、なにを話したかではなく、笑顔が生まれることなのですから。

5　ポジティブな言葉は意識的に声に出す

少人数でチームを組み、共に1年間過ごすというのは、簡単そうに思えて意外と山あり谷あり、試練の連続です。そんな状況であってもお互いに元気の出る振る舞いを心がけ、よい雰囲気を保つことが大切です。

たとえば、次のような振る舞いです。

- 愚痴や悪口は極力控える。
- お互いのよかったところを伝え合う。
- 実践してみておもしろかった活動や子どもたちの様子を話題にする。

●気になっていることや心配に思っていることを率直に話す　など。

なお、後輩の指導に当たる際には、話す場所や雰囲気に気をつけながら話をすることが大切です。

6　ネガティブな言葉は行事後の反省の弁を活用して出す

ときには不満に思うこともあります。無理に我慢して自分のなかに仕舞っておこうとすると、後々爆発しかねません。

こうしたネガティブな話題については、たとえば行事後の反省の弁を活用し、まとめて出すようにします。そうすれば、次年度に生かすことができます。

もちろん、担当者への感謝の気持ちを表すことや、取り上げた課題に対する代案を出すことも忘れないように心がけます。

7　雑用などとは思わずに進んで仕事を引き受ける

経験豊富なベテランの先生方は、むずかしい仕事やたいへんな仕事を引き受けてくれていることが多く、経験の浅い先生たちに任される仕事は比較的軽微なものであることのほうが多いでしょう。

若手の先生であれば、こうしたことに目を向け、会計、印刷、用具の補充、掃除、戸締りの点検といった仕事については、雑用などとは思わずに率先して行うことが大切です。そうすることで、学年チームの雰囲気がよくなるばかりか、ベテランの先生方のモチベーションも高まります。

また、自分の担当外の仕事に対しても、けっして当たり前のことだと思わずに感謝の気持ちを言葉にして伝えるよう心がけます。

8　お互いの得意分野を生かせるように仕事を分担する

チームとしてお互いを高められる仕事にしていくうえで、重要なのが一人ひとりの得意分野を生かせるようにすることです。

特定の教科等の専門性が高い、ＩＣＴ機器などを活用した事務処理能力が高い、なにかトラブルが起きたときに解決を目指すおよその見通しがつけられるなど、先生方それぞれになにかしらの得意分野があるはずです。こうした諸能力をもち寄って活用できれば、単に仕事が効率的に進むというだけでなく、高いモチベーションをもって仕事に取り組めるようになります。

また、そうできれば、苦手な事柄についても、お互いに協力し合ったり、ときには妥協したりしながら仕事を進められるようにもなります。

不安にならない学習環境づくり

入学したばかりの子どもたちが教室に入ってきます。このとき、担任の先生がなんの準備もしていなかったとしたら、子どもたちはどのような行動に出るでしょう。


「わたしの席はどこ？」

「なにをしたらいいの？」

「荷物のしまい方はこれでいいの？」

「ランドセルはどこにしまうの？」

「だれか手伝って！」


なかには、〝小学生になったのだから〟とばかりに自らを奮い立たせてなんとかしようと試みる子もいます。しかし、自信がありません。次第に、抑えていた不安が吹き出して泣きはじめる子が現れます。すると、その子の影響を受けて、周りの子も泣き出したり床に座り込んで途方にくれたりします。

資料1　見て真似すればOK！

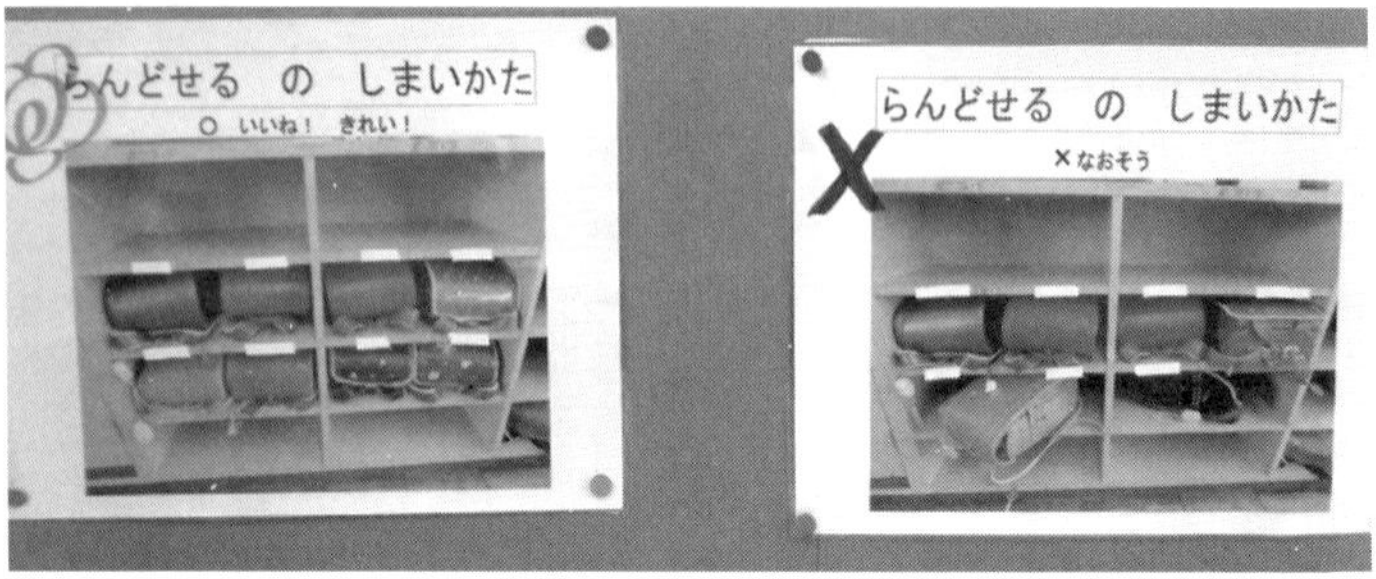

入学したばかりの子どもたちは、どの子も余裕がなく、自分のことで精いっぱいです。教師に声をかけてもらったり手伝ってもらったりして安心したいと思っています。それがままならないと軽くパニック状態になってしまうのです。

こんな悪夢のような状況を未然に防いでくれるのは、「それで合っているよ！」と子どもたちに語りかけてくれる掲示物や教室環境の存在です。

たとえば、教室内に靴箱やロッカー写真を貼っておきます（**資料1**）。これは、「見て真似すればOK！」ということを示すものです。

さらに、靴箱のなかに子どもの名前を書いた（あるいはテプラ等でシールをつくって貼った）型紙をビニール袋で包んでおき、その上に外靴を置けるようにしておきます。そうすれば安心して使えますし、似たデザインの友達の靴をうっかり履いて帰ってしまうといった事故を防止することにも役立ちます。

このように学習環境をつくるうえで大切なのが、だれもが「見てわかる」ようにしておくことです。これは、ユニバーサルデザインに基づく考え方です。

ほかにも例を挙げれば、教師から「机を揃えてください」と指示された際に子どもが戸惑わないよう、あらかじめ床に印をつけておき、そこに机の脚を合わせれば揃うようにするといったことも考えられます。

また、（大体はシンプルに一方通行のものですが）、ＴＯＤＯリストのように取り組む手順を教室の黒板に貼っておく方法もあります。

〈ＴＯＤＯリストの例〉

①手をあらう。
②水とう、手さげのかたづけ。
③ランドセルのかたづけ。
④トイレに行く。
⑤水やりに行く。
⑥よていちょうをかく。

この掲示は、「見て真似すればOK！」とはニュアンスが異なり、どの子どもにとっても見やすく使いやすいわけではありません。どちらかというと、子どもたちがいちいち教師に確認しなくても、繰り返し確かめながら自分のペースで自分のすべきことに取り組める習慣をつけるのが目的です。慣れてきたら「手あらい」「ランドセル」など、短い単語を記したカードにすることもできます。この方法は、2年生になっても継続できるでしょう。

子どもたちが新しい環境で新しい習慣を身につけるには、安心感や自己肯定感を得られることが第一で、一つひとつの行動に対しても「合っているよ」「上手にできているよ」「がんばっているね」と伝えることが大切です。

そうした声かけをこまめにするにも、学級全体を見渡しながら、子ども一人ひとりのがんばりや行動を見てあげる必要があります。その際、「Aさん、ランドセルが真っすぐ奥まで仕舞えていてきれい！　見ていて気持ちいいですね」などと大きな声で褒めると、周りの子どもたちも自分のランドセルの入れ方をチェックしたり直したりしはじめます。このように周囲の子どもたちに広がっていく声かけにすれば、一人の子につきっきりにならずに済みます。

それに、大声を張り上げてばかりでいると、子どもたちは〝先生の話は、声が大きいときと自分に向けて話しているときだけ聞けばいい〟と思いはじめます。一度そうなってしまうと、やがて必要な指示や話までも聞き逃したり聞き流したりするようになります。それでは学級全体が落ち着かなくなってしまいます。

そうならないよう、いつも穏やかな口調で手短に指示します。「先生の話は、ちゃんと耳を傾けなくちゃ」と意識づけることが大切で、はじめが肝心です。

小学校生活にわくわく感がもてる入学式の準備

入学式までの準備や打ち合わせができる時間は、そう多くありません。赴任してきて間もない先生が同じ学年にいる場合であればなおさらでしょう。

入学式ではなによりも、1年生が学校生活に希望や期待をもてるようにすることが第一です。そうするために、次の事柄に取り組んでいます。

- 入学式のなかで笑顔になれる場面をつくること。
- 入学式後の学級指導の場は、担任の先生との温かい出会いにすること。

資料２　パペット人形劇

そうするには準備が必要です。

どこの学校でもそうだとは思いますが、新入生が通る通路には、さまざまな掲示物を貼っておいたり飾りつけをしたりして、歓迎の気持ちが伝わるようにします。

とはいえ、入学式は儀式なので、その多くは新入生にとっては退屈な時間です。そこで考えたのが、担任発表後のあいさつに行う「パペット人形劇」です。

独特の緊張感と大人の堅苦しい話に息切れ寸前だった子どもも、かわいい動物パペットが登場した途端にほっとしてニッコリとしてくれます（**資料2**）。

人形劇に登場するのは、新入生役のブタさん、在校生役のゾウさん、キツネさん、カエルさん、先生役のキリンさん。

劇の内容は、小学校でのたのしさをアピールしながら、学校生活をサポートしてくれる先生方がたくさんいることを伝える内容です（途中で新入生が職員席のほうに目を向けたら、笑顔で手を振ってもらうよう先生方にお願いしておきます）。

時間はおよそ1分。子どもたちはパペットのやりとりを食い入るように見てくれます。劇が終わるとパペットたちに向けて、笑顔で両手を振ってくれます。

記念写真撮影を済ませた後は教室に入り、わずかな学級指導の時間を過ごします。

ここでは、改めて簡単に自己紹介を行い、「みんなが入学してくるのをたのしみに待っていたんですよ。だから、一人ひとりにあいさつをしたいな」と声をかけます。

保護者の方に配付物の確認をしてもらっている間、私は「Aさん、1年間よろしくね」と一人ひとり声をかけながら笑顔で握手をして回ります。すると、最初は照れくさそうにしていた子も、（コロナ禍の入学式ではできませんでしたが）私のほうから手を差し出すと、小さな手で握り返してくれます。

このようにしているのには、次の理由があります。

- 「先生は自分の名前を知っていてくれている」「自分が入学するのをたのしみに待っていてくれていた」といった安心感を与えられる。

●笑顔で握手をすることで「自分の味方になってくれる人だ」と警戒心を弱めてもらう。

明日も元気に登校してきてね、と笑顔で挨拶をしたら、下校する1年生を見送ります。

第2章

脱・小1プロブレムの1学期

どの学期も大切ですが、とくに1年生にとっては、1学期をどう過ごすかがとても重要です。子どもたちが最初に過ごす学期だからです。小学校がその子にとってたのしい場所になるか、子どもたちが成長していきたいと思える場所になるかは、1学期にかかっています。

そこでまず、考えておきたいことが（第1章でも取り上げた）「小1プロブレム」です。一口に1年生といっても、幼稚園に通っていた子どももいれば、保育所に通っていた子ども、認定こども園に通っていた子どももいます。

いずれも異なる教育機関であることから、子どもたちが経験してきた「学び」もそれぞれです。しかも小学校に入学した途端、それらの「学び」は「遊び」から「学習」に変わります。子どもにとってここが、（ストレスを伴う）大きな変化になるのだと思います。

「小1プロブレム」に関しては、「小学校に上がった途端、みんな一緒で行動することを強いられるからだ」とか、「日本の学校は、まるで軍隊のようでよくない」といった批判を耳にすることがあります。

しかし、現行の教育制度においては、（「全国的に一定の教育水準を確保し、全国どこにおいても同水準の教育を受けることのできる機会を国民に保障する」ことを目的として告示される学習指導要領に則って教育活動を行うとされる以上、適切な程度を考慮しつつも）規律を重んじる教育が重要だと考えています。

加えて、日本は災害大国です。緊急時、迅速・安全に避難できるようにするには、普段から教師の指示や話を聞ける習慣をつけておくことや、統率の取れた行動ができる集団に育てておくことが欠かせません。

こうした点を踏まえ、「1学期の間に目指すこと」と「1学期の指導で心がけるポイント」を次のように考えています。

〈1学期の間に目指すこと〉

- 規律を重視して安全・安心な教室をつくること。
- スタートカリキュラムで幼児期からなめらかに接続すること。
- SSTを中心に、集団の一員として過ごすスキルを身につけられるようにすること。

〈1学期の指導で心がけるポイント〉

- 新しい学校生活をたのしめるようにすること。
- ほめながら、望ましい行動を習慣化すること。
- 大切なことは何度も繰り返して、子どもたちに意識づけること。

●教師との一対一のかかわりに執着することから脱却させること。

安心、安全な教室づくりは規律からはじめる

「1年生は一にしつけ、二にもしつけ」

これは、小学校教師だった母から言われつづけていた言葉です。

規律を守らせる・しつけるというと、その子の個性を鑑みずに特定の言動を強要するといったイメージをもたれる方もいると思いますし、なかには、1年生であっても自主性や発想を重んじて、子どもに判断を委ねるのがよいと考える方もいます。しかし私は、思うようにいかないことのほうが多いと思います。

問われるべきは規律そのものの是非ではなく、その中身や求め方です。

子どもの発想や自主性を育てることはもちろん大切なのですが、「○○のときは□□する」といったベース（行動指針）がなければ、どんな些細なことであってもわからないことがあるたびに子どもを戸惑わせます。

また、状況に応じて「どちらがいいか」を判断することもできません。子どもは「どちらが楽そうか（どちらが嫌そうか）」「どちらがよりたのしそうか（どちらがつまらなそうか）」

としか考えようがないからです。

入学後間もない4月は、子どもたちが学校生活に慣れることが第一です。そのための規律です。

適切な規律は、子どもたちが小学校という場で、たのしく安全に生活するために必要なことです。子どもたちが身につけられれば、次に挙げるように、教室が安心、安全な場に近づいていきます。

- 騒がしくならないので、必要な指示や話が全員に聞こえる。
- 落ち着いて過ごせるという安心感がある。
- 静かになるのを待つ、移動のために並ぶのを待つといった無駄な時間が削減され、学習量、活動量を増やすことができる。
- 危険な行動に発展しにくくなるので喧嘩やケガ、物の紛失、破損が少ない。
- お互いに価値観を共有しているので、教師が不在であっても学級が揺るがない　など。

学級開きの日、自己紹介をした後に必ず、子どもたちに伝えている約束事があります。

〈三つの約束事〉
①自分や周りの人のもの・体・心を大切にする（傷つけない）。
②がんばっている人を応援する（ばかにしたり、じゃましたりしない）。
③失敗を怖がらないでどんどん挑戦する。

これは、私の考える学級経営方針をわかりやすくかみくだいて伝えるといった趣旨です。〃こんなふうに成長していってほしい〃という願いと、〃これは許さない〃という考えを最初に伝えておくことが目的です（学級目標については、後に子どもたちと一緒に考えながらつくります）。

とはいえ、言葉だけでは伝わるものではありません。特に①の「心」については目に見えないものなので、具体物を使ってイメージ化を図ります。これは、「グッドモデル」を体験する取組となります。

たとえば、次のようなやりとりを行います。

ハート型に切り取ったピンク色の画用紙を掲げて、「これはなんでしょう」と問います。すると、「ハート！」「心！」といった元気な返事があるので、今度は「みんなの元気な心を傷つける言葉って、どんなものがあると思いますか？」と問います。

「きらい」

「きらいって言われたら、どんな気持ちになる？」

「悲しくて、くにゃってなる」

「こんな感じかな？」と、ハート型の紙を握って少しくだけしゃっとします。すると、多くの子どもたちはうんうんと頷いてくれます。ほかにも、チクチク言葉を挙げてくれます。

「あっち行って」

「いっしょに遊ばないよ」

「うざい」

「へただね」

「ださいよ」

子どもたちが発言するたびに、少しずつハート型の画用紙をくしゃくしゃにしていきます。すると次第に、子どもたちの表情が曇ってきます。

「あぁ、グシャグシャになっちゃった…」

こんな声が聞かれたら、「悲しくてグシャグシャになっちゃった心、どうしましょうか」と問います。

「ごめんねって謝る！」

「だいすきだよと言って元気にする！」

「がんばっているね」

子どもたちが発言するたびに、今度はグシャグシャにしたハート型の画用紙を少しずつ広げていきます。すると、画用紙が元どおりになっていないことに気づく子が現れます。

「あっ、ちょっとちぎれちゃってる！」

「ハートの形にもどったけど、きれいじゃない。シワシワ」

とても残念そうです。

「そうですね。みんなが教えてくれたように、一度傷ついてしまうと、最初のつるつるハートには戻らなくなっちゃう。だから、みんなの心も元気でいられるように、どんな言葉をかけるのがよいか、よく考えて生活しましょう」

このようにまとめて終わります。

先に挙げた「三つの約束事」は折に触れて、歌のサビのように何度も繰り返し、伝えつづけます。さまざまな場面で何度も話題にすることで、子どもたちも少しずつ意識するようになります。やがて共通の認識になれば、担任が不在にしているときでも普段どおりに行動できるようになります。

学級目標を決めるときに大切なこと

学級目標を決める際には、子どもたちが学級の「様子」「よさ」「課題」などを、多少なりとも言葉にできるようになるころ合いを見計らいます。実際に決めるときにも、子どもも任せにするのではなく、教師がキーワードなどを挙げ、ある程度主導しながら話し合います。

学級目標を考えるときには、「言葉選びにこだわる」ことを大切にしています。なぜなら、目標の内容次第で、（ある子どもにとっての利益が、他の子どもにとっての不利益になるなど）目標達成が必ずしもよい状態にならなかったり、指導が入らない状況をつくってしまったりすることもあるからです。これを私は、「掲げる言葉に穴がある」と呼んでいます。

例を挙げましょう。

授業中、私語が絶えない子を注意したところ、「思っていることはなんでも言っていいんじゃないの？」と言われてしまい、教師は言葉に詰まります。なぜなら、この学級の目標は「思っていることはなんでも言える学級にしよう！」だったからです。

極端な例かもしれませんが、学級目標が抽象的だと、こうした子どもの発言につながります。どんなときに自分の思ったことを口にするのが推奨され、そうでないのはどのようなときかが学級で共有されていないからです。加えて、子どもたちはなにをがんばればよいかわからず、具体的な行動につながりません。

目標達成のためになにをすることが必要なのか、子どもたちが具体的にイメージできていてこそ、学級目標が達成された姿が、子どもたちにとっての理想的な姿になります。

掲げる言葉に穴がない学級目標にするには、次の事柄が必要です。

- 子どもたちが本心からそうなりたいと願えるような目標となっていること。
- 子どもたちが思い描いている学級の姿が具体的に言語化されていること。
- 教師による日々の指導と矛盾が生じないこと（ダブルバインドになっていないこと）。

どのような学級目標も、一度決めてしまえばいいわけではありません。道徳科の授業のように問い返しながら、日々の指導を通して1学期中の定着を図っていきます。

1学期はよい習慣づけを行うチャンス

1学期は、さまざまな習慣づけをするチャンスです。例を挙げると、次のとおりです。

1 朝の健康観察の仕方
2 あいさつの仕方
3 読み聞かせや読書
4 休憩時間の過ごし方
5 忘れ物をしたときの対処
6 言葉遣いや友達との接し方

いずれも小さなことかもしれません。しかし、こうした事柄にこだわりをもち、意識的に指導するかで、学級の雰囲気はずいぶんと変わってくると思います。

1 朝の健康観察の仕方

朝の健康観察を例に挙げましょう。

まずはじめに、「今日は何月、何日、何曜日ですか？ みなさん一緒に答えてください」と聞きます。子どもたちはいっせいに「○月○日○曜日です」と答えてくれるでしょう。

子どもたちみんなが一斉に声に出すことが大事です。朝一番でそろえて声を出せると、その日1日を笑顔ではじめることができます。このとき、いつもと違う姿が見られたら、〝なにかあったのかな〟と気づくこともできます。

日付としているのは、だれもが答えられる質問でありながら、正しい読み方を覚える機会ともなるからです。8日であれば「ようか」と答える子もいれば「はちにち」と答える子もいます。みんなで読むことで自分の読み方との違いに気づいたり、「どちらの言い方のほうがいいか」を考えたりすることもできます。

健康観察中は「みんなの友達は元気ですか?」「休んでいる子はいますか?」「席替えをしましたが、だれがどこにいるのかわかりますか?」などと尋ねながら、具体的な視点をもたせます。そうすれば、一人ひとりがめあてをもてるので、落ち着いた雰囲気になります。

健康観察の時間になるときまって騒がしくなってしまう学級だと、担任の話をしっかり聞けるようにならないばかりか、クラスメイトの発言を遮って自分のことばかり話しはじめたり、そもそもクラスメイトの発言に耳を傾けようとしなかったりすることが習慣化してしまいます。

また学級開きから間もない時期は、肯定的な声かけをするチャンスでもあります。子どもたちの様子が少し気になるとき、最近あまりほめられていないなと思ったときなどに、一人ひとりに向けて次のように声をかけます。

「元気な声ですね」

「ピンと腕が伸びていて、よく見えます」

「座っている姿勢もいいですね」

「よく目が合って、元気なのがわかりますよ」

さまざまな言い方でほめていると、よい返事の仕方を子どもたちが自然と理解していきます。これも、よい習慣づけとなります。

2 あいさつの仕方

些細なことではあるのですが、1学期に気をつけておきたいことがあります。それは、授業のはじまりや終わりのあいさつの仕方です。

あいさつの言葉などは学校によってそれぞれだと思いますが、たとえば「よーろーしーくーー、おーねーがーいーしーまーーす」というように、やたらと伸ばしてゆっくりあいさつをしている学級を見かけることがあります。

丁寧なあいさつを心がけているのだと思いますが、私は逆効果だと思います。このようなあいさつは、「ここからは授業、しっかりみんなと学ぼう」「ここからは休み時間、ひと息つこう」といった子どもたちの気持ちの切り替えをむずかしくするからです。

1年生であろうと声を合わせ、「よろしくおねがいします！」としっかりあいさつできるようにすることが大切です。早口である必要はありませんが、歯切れよく行えるように指導します。

なかには、うまくあいさつできない子もいますが、グッドモデルを示しながら、少しでもよくなってきたらそのつどほめ、しっかりとしたあいさつを習慣づけます。

3　読み聞かせや読書

1学期のうちに、できるだけ読み聞かせの機会をもちたいところです。1日一つ読み聞かせすると、自然に物語に親しんだり、語彙力を育んだりすることができます。

私は『きょうのおはなしなあに』（ひかりのくに、1997年）を活用しています。季節や行事にそった、その日その日の民話・名作・創作童話などが集録された絵本で、一話一話がとても短くよくまとまっているので、1年生や2年生にぴったりです（春、夏、秋、冬と4分冊です）。

また、NHK for schoolの「おはなしのくに」も活用しています。これは、語り手が日本や世界の名作を一人芝居で演じてくれるので（読み聞かせする必要がないので）、子どもたちが食い入るように視聴している間、連絡帳の返事を書いたり学童に行く子どもを把握したりする時間に活用することもできます。

子どもたちの知らない言葉が登場する場合には、画像や動画を活用してそれがどのようなものかを見せてあげるとよいでしょう。加えて、クイズのように問いかけてお話の場面を想像する時間をつくると聞く力も育ちます。

「どんな登場人物がいたかな？」

「〇〇は、どうやって▽▽したのかな？」

「こうなって、〇〇はどんな気持ちだったのかなぁ」など

4　休憩時間の過ごし方

1年生においては、モジュール授業（短時間学習）を行っている学校が多いと思います。これは集中力の持続がむずかしい低学年の子どもたちへの取組で、1コマ45分を3つの区画に分けて15分としたり、1コマの間に5分休憩を挟んで20分にするといった学校が多いのではないでしょうか。

このモジュール授業で先生方を悩ませるのが休憩時間だと聞きます。

休憩時間には、トイレに行ったり水分補給をしたりするわけですが、何人かの子どもが教室に帰って来ないというのです。

（短い時間ながらも）がんばって授業を受けた子どもたちです。いったん教室を離れたら、用が済んだからといってすぐに教室に戻ろうとは思えないのも致し方ないと思います。ましてや教室に戻ってきた途端、決められた姿勢で静かに座ることを強要されようものなら、余計に戻ってきたくはないでしょう。

どの子も教室に帰って来られるようにする方法は一つです。「教室に帰ってくるといいことがある」という状況をつくることです。

たとえば、休憩時間がはじまって1～2分くらい経つと、トイレや水飲みを済ませた何人かの子が教室に戻ってきて、次の授業準備をはじめます。

その様子をとらえて、すかさず声をかけます。

「ばっちり準備ができたね！　まだ時間があるから、みんなが戻ってくるまで少し遊んで（あるいは、お話して）いようか！」

満面の笑みを浮かべてグーサインも出すと、子どもたちから「やったー」「イエーイ」といった声が挙がります。

そうした私と子どもとのやりとりや、手遊びの歌を歌いはじめる子どもたちのたのしげな歌声は、廊下にも届きます。すると、〝えっ、なにをやっているの？　なんだかたのしそう〟と感じた子どもが次々と教室に戻ってきます。歌声を耳にしていない子も、急ぐように教室に戻っていくクラスメイトの様子が視界に入ると、釣られて教室に戻ってきます。

別に歌でなくてもかまいません。廊下にいるよりも教室のほうがたのしそうだと子どもたちが思えればよいわけです。そのためにも、遅れて教室に戻ってきた子もすぐに参加できる遊びや話題にすることが大切です（乗り遅れたままであれば、その子は意気消沈してしまいます）。

たとえば、どこからでも入れる手遊びや、短く何度も遊べる後出しじゃんけん遊びなどがおすすめです。

また、「あ、Aさんはどの動物と会うのがたのしみかな？　いまみんなで、遠足のときに会いたい動物について話していたんだよ」などと、後から教室に戻ってきた子に振れば、自然とみんなの輪に入ることができます。

それでもなお、教室に戻ろうとは思えない子もいないわけではありません。しかし、廊下などでの遊び相手がいなくなるわけですからつまらなくなってしまい、結局は教室に戻ってくるというわけです。

5　忘れ物をしたときの対処

もう一つ、1年生に限らないことですが、避けて通れないのが「忘れ物問題」です。これも、1学期の習慣づけが重要です。まず、次を約束事とします。

●友達の物を借りないこと。
●忘れ物をしたら先生に報告すること。

友達の物を借りないというのは、破損や紛失のトラブルを防ぐためです（どのような理由でそうしなければならないのかは、あらかじめ説明します）。

教科書を忘れてきてしまったときは、隣の席の友達に見せてもらうという約束にします。その際、授業がはじまる前に見せてもらえるようお願いするということを伝え、隣の席の子には、快く見せてあげるようにお願いしておきます。その際、「隣の子は、Aさんに見せてあげるために、教科書が少し見えにくくなってしまうから、（忘れ物には）気をつけてね」とやんわり伝えます。

教科書以外の忘れ物については、担任から借りるように伝えるとともに、みんなと一緒に頼み方の練習を行います。

〈頼み方の練習例〉

［物を貸してほしいとき］○○を忘れたので貸してください。

［代用品がほしいとき］ノートを忘れたので、プリントをください。

［具体案が必要なとき］宿題を忘れたので、明日もってきます。

こうした頼み方の練習をしておかないと、「○○を忘れちゃった」とだけ言って借りようとしたり、勝手にプリントをもっていこうとしたりする子どもが後を絶ちません。

自分の置かれた状況を説明し、「なにをしてほしいのか」「自分はどうするのか」を考えたり伝えたりするといった小さな課題解決（経験）をたくさん積むことが、後々子どもたちが取り組むことになる探究活動においてはもちろん、その後の人生を生きていくうえでもとても大切なスキルになります。

また、朝の会や帰りの会、授業中でも「話を途中で止め、子どもたちに（私が言おうとしていた）先を考えさせて言うようにする」といった機会を意識的につくっています。これは、「相手の意図を想像しながら自分の頭のなかで言葉にして表現する」トレーニングです。

なにかわからないことがあると、解説動画を視聴して理解しようとする子どもがずいぶん増えたように思います。たしかに目で見て確認しながら学ぶことはとても有効なのですが（私も必要に応じて、授業で扱う言葉を視覚化しながら伝えるといった取組をしていますが）、視覚情報にばかり頼りすぎると受動的になって、自分なりに考えたり表現したりする力が育ちません。

こうした力がついていない子の多くは、意欲や気力にも欠ける面があり、「お客さん意識」が強く、どんなことでも楽をしようとする傾向があります。そんな子どもを一人でも減らせるように、1日のなかで必ず自分の頭を使わないと答えられない場面をつくるようにしています。

6　言葉遣いや友達との接し方

言葉遣いや友達との接し方についても、1学期中に習慣づけておきたいことの一つです。

年度はじめのある日のこと、はじめて校庭に行くために階段を下りているとき、自分の前を歩くクラスメイトに対して「早く行けよ」と口にした子がいました。

授業時間が押していて一瞬迷いましたが、いったん移動を止め、その言葉がどんなことを意味するのか、適切な言葉はどんな言葉なのかを、その子の考えも聞き取りながら丁寧に指導しました。

1年生の1学期はとくに、自分や相手にとって「よいこと」と「よくないこと」について繰り返し粘り強く指導することが大切です。丁寧に接しつづければ、子どもたちの価値観の芽が確実に育っていきます。

また、自分の言葉や行動を相手はどのように受け止めるかを考えさせたり、それを具体的な言葉にするトレーニングを積ませることも大切です。そうすることで、(個人差も大きいのですが、少しずつ)視野を広げて考えようとしたり、先を予想、想像しながら行動しようとする習慣が身についていきます。これが、望ましい態度を考え、言動などを適切に選択できるようになる下地となります。

1年生の1学期は、充実した日常生活を送る価値観を形成する最も大切な時期だと思いますし、どの子もそうするための資質をもっています。そのためにも「1年生だからできなくても仕方がない」といった考えではなく、「適切な考え方と方法を理解できれば、(身につけられるスピードに個人差はあっても、やがて)どの子もできるようになる」と信じて指導に当たることが大切だと思います。

見た目には小さく、かわいらしく、未熟な存在に見えても、一人の人間であり、それそれに心をもっています。そんな人間としての成長に、子ども騙しは通用しません。けっして侮らずに一人の人間として向き合い、教師として導くことが大切です。

そのためにも、些細なことであっても、「どう感じるのか?」「どうしたいのか?」を考えさせながら、それを言葉にするトレーニングを積ませることが必要です。そうできれば、子どもたちのその先の行動に確実に結びつきます。

ただそうは言っても、発達段階というものもあります。

ことに1年生はだれかに甘えたい気持ちでいっぱいです。その気持ちが、一緒に遊んでくれる6年生や先生にしがみついてよじ登ろうとしたり、叩いたり、ひどい言葉を口にしてしまう行動になることもあります。

もしかしたら寂しい思いをしているのかもしれません。しかし、そのようなかかわりを容認してしまえば、結局は本人自身につらい思いをさせてしまうでしょう。

「引っ張られたら、服が伸びるからいやだよ」

「叩かれたら、痛くて悲しいよ」

「大人だってそんなことを言われたら、いやな気持ちになるからいやだよ」

望ましくないかかわりについては、言葉を選びながら、「そうされるのはいやなこと」

「それはなぜか」をしっかり伝える指導が必要です。ただ「やめて〜」と言うだけでは、ふざけているのか本気で言っているのか、1年生には区別がつきません。

他方、子どもたちは発達段階によらず、「担任の先生の言動に一貫性があるか」「自分たちのだれに対しても同じように接してくれるか」という視点で教師をとてもよく見ています。信頼される大人だとみなされるよう、指導の軸を明確にもって接していきたいものです。

SST（ソーシャルスキルトレーニング）を軸としたスタートカリキュラムのすすめ

私の前任校（相模原市立横山小学校）では「横小SST」という名称で、ソーシャルスキルトレーニング（以下「SST」と言う）に取り組んでいました。

ソーシャルスキルとは、社会のなかで他者と関係を築いたり、一緒に生活を営んだりするために必要とされる技能を言います。「コミュニケーション能力」「社会生活技能訓練」「生活技能訓練」などとも呼ばれ、21世紀を生きていくうえで必要な能力だとされています。

現在の学校では、登校しぶりや不登校、いじめの増加が止まらず、集団生活や学校生活への適応が困難な子どもが増えています。こうした諸課題は対症療法で解決することはむずかしく、長期的・継続的で予防的な対応策が講じられる必要があります。その一つに挙げられるのが、学級や学校全体で行うSSTです。

これまでもさまざまな研究が報告されており、一定の効果があることが、いままでの研究で明らかにされています。そうした研究を踏まえ、横山小は1年生のスタートカリキュラムにSSTの考え方や方法を取り入れていました。

その後、1年生のみならず、どの学年の子どもたちにおいても必要だとの認識になり、「6年間で身につけさせたい6つのソーシャルスキル」を単元構成表に整理しました**（資料1―1～6を参照）**。

これは、学年ごとに6つのステップで、6つのソーシャルスキルの獲得を目指していくものです。先生方にはこの単元構成表を提示し、各学年の実態に合わせて、学級活動や特別活動等、発達段階に合わせて指導場面を工夫してもらいながら実施します。

この単元構成表は、日本標準が公表しているものをアレンジして作成しています（出典：星槎教育研究所U-SSTワーク　https://edunpo.seisa.ac.jp/index.php?page_id=70）。

資料1―1　単元構成表：STEP 1（1年生）

	①	②	③	④	⑤	⑥	
単元名	あさは「おはよう」から	はじめまして	ふわふわチクチク①	いろいろなかお	「がまん」ってどういうこと？	きもちをつたえよう！	きちんときいている？
要素	あいさつ	自己紹介／自分を知る－自己紹介	言葉／表現－いろいろな言葉	気持ちを考える－表情が伝える気持ち	自分に対して－がまんのしかた	相手に対して－伝え方	相手に対して－聞き方
習得するスキル	あいさつに関するスキル	自己認知スキル	相互理解のための言葉・表現スキル	相互理解のための気持ち認知スキル	セルフコントロール／マネジメントスキル	コミュニケーションスキル	コミュニケーションスキル
育てたい力〈ねらい〉	1 気持ちのよいおはようの表情を知る。 2 場に合ったあいさつの言葉を知る。 3 感謝を伝えるときの言葉と表情を知る。 4 謝るときの言葉と表情を知る。	1 適切な声の大きさを知る。 2 自分を伝えるアピール項目を知る。	1 ふわふわ言葉とチクチク言葉を知る。 2 ふわふわ言葉とチクチク言葉を見分ける。 3 ふわふわ言葉とチクチク言葉が相手に与える影響を知る。	1 表情が気持ちを伝えることを知る。 2 表情にあらわれる気持ちを読み取る。 3 いろいろな気持ちがあることを知る。 4 楽しい気持ちに着目して、いい気持ちや前向きな気持ちの自己認知を深める。	1 がまんしなければならない場面があることを理解する。 2 欲求を抑える・怒りをこらえる・ルールを守るなどのがまんについて知る。	1 伝えるときの表情を知る。 2 声の大きさや姿勢・目線を知る。 3 発表時の姿勢や態度を知る。	1 聞くときの姿勢や態度を知る。 2 会話を円滑に進める返事を知る。 3 相手に伝わる「聞いているサイン」を知る。

資料１―２　単元構成表：STEP２（２年生）

	①	②	③	④	⑤	⑥	
単元名	げんきにあいさつ	いっぱい知ろう！ じぶんのこと①	ふわふわチクチク②	かおにちゅうもく！	いかりをじょうずにおさえよう	ことばとたいどでつたえよう！	いっしょにあそぼうよ！
要素	あいさつ	自己紹介／自分を知る－自分を知る	言葉／表現－いろいろな言葉	気持ちを考える－表情が伝える気持ち	自分に対して－がまんのしかた	相手に対して－伝え方と聞き方	相手に対して－誘い方
習得するスキル	あいさつに関するスキル	自己認知スキル	相互理解のための言葉・表現スキル	相互理解のための気持ち認知スキル	セルフコントロール／マネジメントスキル	コミュニケーションスキル	コミュニケーションスキル
育てたい力〈ねらい〉	1 場に合ったあいさつの言葉を知る。 2 相手に合ったあいさつの言葉を知る。	1 自分の体のことを知る。 2 自分の生活をふりかえる。 3 実践できる目標を立てる。	1 ふわふわ言葉とチクチク言葉を知る。 2 ふわふわ言葉とチクチク言葉を見分ける。 3 ふわふわ言葉とチクチク言葉が相手に与える影響を知る。 （1年生からの継続）	1 表情にあらわれる気持ちを読み取る。 2 どんなときにどんな表情になるのかを知る。 3 どんなときにどんな気持ちになるのかを知る。 4 気持ちの流れと次の行動との結びつきを知る。	1 自分の怒りやいらいらする感情のレベルを知る。 2 怒りをコントロールする方法を理解する。 3 怒りの感情の背景にある他の気持ちに気づき、きちんと伝える。	1 声のかけ方と態度を知る。 2 気持ちのよい受け答えを知る。	1 相手の状況に応じた、気持ちのよい誘い方を知る。 2 自分の気持ちを伝える返事のしかたを知る。

資料1―3　単元構成表：STEP３（３年生）

	①	②	③	④	⑤	⑥	
単元名	気もちのよいあいさつ	いっぱい知ろう！　じぶんのこと②	ふわふわ言葉はまほうの言葉	気もちさがし	いらいら、どきどきどうしよう？	こまったときは？	みんなで力を合わせよう
要素	あいさつ	自己紹介／自分を知る―自分を知る	言葉／表現―いろいろな言葉	気持ちを考える―気持ちをかえる(1)	自分に対して―いろいろな感情	相手に対して―助けの求め方	相手に対して―協力のしかた
習得するスキル	あいさつに関するスキル	自己認知スキル	相互理解のための言葉・表現スキル	相互理解・セルフコントロールのための気持ち認知スキル	セルフコントロール／マネジメントスキル	コミュニケーションスキル	コミュニケーションスキル
育てたい力〈ねらい〉	1. 表情のたいせつさを知る。 2. 状況に応じた受け答えの言葉を知る。 3. あいさつを交わすと互いに気持ちがよいことを知る。	1　自分の体のことを知る。 2　自分の生活をふりかえる。 3　実践できる目標を立てる。 （2年生からの継続）	1　ふわふわ、チクチク言葉の印象を知る。 2　ふわふわ言葉を正しく使う。 3　攻撃的・非主張的・アサーティブの三つの言い方があることを知る。 4　アサーティブな表現を知る。 ＊アサーティブ：相手を尊重しながら適切な方法で自己表現を行うこと	1　いろいろな気持ちがあることを確認する。 2　一つの場面でもいろいろな気持ちが生じることを知る。 3　気持ちの流れによって違う行動が生じることを知る。 4　気持ちは自分でかえられることを知る。	1　複雑に変化する感情に気づく。 2　それぞれの感情に対する対処法を知る。	1　困った状況にあることを相手に伝えるための方法を知る。 2　場と時に応じた助けの求め方を知る。	1　協力の必要性を知る。 2　実際に協力する方法を知る。

資料１―４　単元構成表：STEP４（４年生）

	①	②	③	④	⑤	⑥	
単元名	相手に合ったあいさつ	自分の「体」と話そう①	うれしいなふわふわ言葉	気持ち研究始めるよ	いろいろなことにチャレンジ！	じょうずな質問をしよう	「こうしてみない？」を言うときは？
要素	あいさつ	自己紹介／自分を知る－自分を知る	言葉／表現－いろいろな言葉	気持ちを考える－気持ちをかえる(2)	自分に対して－チャレンジのしかた	相手に対して－質問のしかた	相手に対して－提案のしかた
習得するスキル	あいさつに関するスキル	自己認知スキル	相互理解のための言葉・表現スキル	相互理解・セルフコントロールのための気持ち認知スキル	セルフコントロール／マネジメントスキル	コミュニケーションスキル	コミュニケーションスキル
育てたい力〈ねらい〉	1　気持ちのよいあいさつの表情と態度を知る。 2　場と相手に合ったあいさつの言葉を知る。	1　自分の生活スタイルをふりかえる。 2　食と生活から、体のケアのしかたについて知る。	1　ふわふわ言葉とチクチク言葉を理解する。 2　ふわふわ言葉を適切に使用する。 3　攻撃的・非主張的・アサーティブの三つの言い方があることを理解する。 ＊アサーティブ：相手を尊重しながら適切な方法で自己表現を行うこと	1　気持ちによって行動や結果が違うことを知る。 2　同じ気持ちでも大きさの差があることを知る。 3　気持ちの流れとその後の行動がかかわっていることを知る。 4　気持ちを把握し、前向きになる気持ちのかえ方を知る。	1　チャレンジすることの重要性を知る。 2　実行可能な計画を立てる。	1　質問するときのマナーを知る。 2　状況に応じた質問のしかたを知る。	1　状況に応じた提案のしかたを知る。 2　友達へのアドバイスやクラスへの提案のしかたを知る。

資料１－５　単元構成表：STEP５（５年生）

	①	②	③	④	⑤	⑥	
単元名	礼儀正しいあいさつ	自分の「体」と話そう②	相手に伝わる言い方	「だいじょうぶ！」の気持ちになろう	自分らしさってなんだろう	みとめられるとうれしいね	どうたのむ？どうことわる？
要素	あいさつ	自己紹介／自分を知る－自分を知る	言葉／表現－言葉と表現	気持ちを考える－気持ちについて	自分に対して－自分をたいせつに	相手に対して－相手を尊重する・ほめる	相手に対して－頼み方と断り方
習得するスキル	あいさつに関するスキル	自己認知スキル	相互理解のための言葉・表現スキル	セルフコントロールのための気持ち認知スキル	セルフコントロール／マネジメントスキル	コミュニケーションスキル	コミュニケーションスキル
育てたい力〈ねらい〉	1 礼儀正しいあいさつのしかたと言葉について知る。 2 あいさつのしかたによって印象が異なることを知る。	1 自分の生活スタイルをふりかえる。 2 食と生活から体のケアのしかたについて知る。	1 相手を不快にさせる言い方があることを知る。 2 自分の気持ちをきちんと伝える言い方を知る。 3 気持ちよく返事をしてもらえる言い方があることを知る。	1 隠れている気持ちがあることに気づく。 2 気持ちの流れを把握し、前向きになる気持ちのかえ方を知る。	1 今の自分を客観的に把握する。 2 将来の自分像をイメージする力をつける。 3 目標を設定し、計画を立てる。	1 相手を尊重することの必要性を知る。 2 相手を尊重する話し合いのしかたを知る。 3 ほめることで相手との関係がよくなることを知る。 4 ほめるときと、状況に合ったほめる言葉を知る。	1 状況に合わせたお願いのしかたを知る。 2 相手の気分が悪くならない断り方を知る。 3 嫌な頼みごとについて断り方を知る。

資料1―6　単元構成表：STEP6（6年生）

	①	②	③	④	⑤	⑥	
単元名	「上級生あいさつ」に挑戦！	「わたし」の伝え方	相手に伝わる言葉の使い方	気持ちの切りかえ方を知ろう	「わたし」を見つめよう	気配りをする	ピンチのときは…
要素	あいさつ	自己紹介／自分を知る－自己紹介	言葉／表現－言葉と表現	気持ちを考える－気持ちについて	自分に対して－自分をたいせつに	相手に対して－配慮のしかた	相手に対して－助けと協力・共感する
習得するスキル	あいさつに関するスキル	自己認知スキル	相互理解のための言葉・表現スキル	セルフコントロールのための気持ち認知スキル	セルフコントロール／マネジメントスキル	コミュニケーションスキル	コミュニケーションスキル
育てたい力〈ねらい〉	1 ていねいなあいさつの言葉を知る。 2 さまざまな場面で使うべきあいさつの言葉を知る。 3 互いの関係によって、あいさつの言葉が違うことを確認する。	1 初対面の人に対する自己紹介のしかたを考える。 2 自分の美点や自分の評価などを取り入れた自己紹介のしかたを知る。	1 省略された言葉を使うときの注意点を知る。 2 言い方の違い（ていねいな言い方・やさしい言い方・乱暴な言い方）を知る。	1 気持ちと行動が結びついていることを知る。 2 前向きの行動につながるような気持ちのかえ方を知る。	1 自分がどんな考えをもっているかを知る。 2 だれにでもあるゆずれない部分を意識し、自己肯定感を高める。 3 あるがままの自分を受けとめ、自己受容をはかる。	1 気配りするとはどういうことかを知る。 2 下級生への気配りのしかたを考える。 3 状況に応じた気配りのしかたを身につける。	1 困難な状況での対処法を身につける。 2 他の人が困っているときの行動のしかたを考える。 3 人によって多様な考えがあることを知る。 4 相手の気持ちに寄り添い、共感することで得られる気持ちのコミュニケーションを知る。

とりわけ、1年生については、身につけさせたい6つのソーシャルスキルを10の力に分けて設定し、子どもたちに提示しながら学年集会の場で指導しています。

●あいさつ力（あいさつに関するスキル）　●へんじ力（聞くスキル）　●きく力（聞くスキル）
●あいづち力（聞くスキル）　●しせい力（伝えるスキル）　●目せん力（伝えるスキル）
●出す声力（伝えるスキル）　●こころ力（言葉・表現スキル）　●ことば力（言葉・表現スキル）
●えがお力（気持ち認知スキル）

パペットと学ぶSST10の力（実践例）

学年集会は、月齢別クラス実施期間中（5月の連休前まで）は毎日、本クラスがスタートした後は週に一度、実施しています。1学期間は教師が行い、2学期以降は実行委員を務める子どもが運営します（実行委員については第3章で詳述します）。

ここでは、この学年集会の場を活用して、子どもたちがSST10の力について学ぶ様子を紹介します。

スキルの定着を図るステップは次のとおりです。

【STEP1】言葉で説明する。

【STEP2】モデリングを行う（実際に手本を示す）。

【STEP3】リハーサルを行う（先生や友達を相手に練習する）。

【STEP4】フィードバックを行う（反応が適切だった際にはほめ、不適切であった場合は、具体的に修正指示をする）。

【STEP5】定着を図る（教えたスキルが、他の場面や相手でも発揮できるよう促す）。


「STEP2」の「モデリングを行う（実際に手本を示す）」場面で活用したいのがパペットです。メリットは二つあります。

一つは、パペットが演じる様子を客観的に見られること。パペットを活用すると、手本を理解しやすいという特徴があります。パペットのつくりはシンプルなので、余計な情報が入ってこないで済み、子どもたちはその動きやセリフに集中できるからです。

もちろん、パペットを使わないとだめということではないのですが、教師自身が演じると、その日の服装や特徴的な動きなどのほうに子どもの注意が向いてしまい、肝心の手本が記憶に残らないことがあります。

　二つ目は、パペットが可愛く、擬人化された存在であること。なにか失敗した様子を演じると、パペットの可愛さが手伝って、子どもたちは温かいまなざしで応援したいという気持ちをもちます。また、ひどい言葉を言ったり悪いことをしたりするパペットにはアドバイスを送りたくなります（パペットを使わずにこうした場面を教師が演じると、ショックを受けてその教師を怖がるようになることがあります）。

　こういった「パペットを応援したい」という子どもたちの気持ちから、「どうしたらいいのかな？」「もっとこうしてみたらどうだろう」といった考えをもったり、だれかと話してみたくなったりします。

　入学間もない1年生は、（子どもにもよりますが）家族などから教わったことは自分にもできる・やっていると思い込んでいます。つまり、本当に自分にできること、できないことを客観的に判断するのがむずかしい面があるということです。そこで、次頁より「STEP3」に向けて、パペットを活用してロールプレイングを行う様子を紹介します。

　こうした活動を通して、子どもたちは自分自身に投影しながら、「自分だったらその状況をどう思うか」「自分だったらどうするか」といった視点から考えを深めていきます。

1　あいさつ力

［ねらい］気持ちのよいあいさつの表情や姿勢、場に合ったあいさつの仕方を知る。

T1（キツネ）「ぞうさん、おはようございます」

T2（ゾウ）「あっ、キツネ先生だ！」

※指さしながらぴょんぴょんする。

「あいさつしてくれたけど、はずかしいから知らないふりしよう！」

※そっぽを向いて歩いていく。

T1（キツネ）「ブタさん、おはようございます」

T3（ブタ）「……」

※小さくうなずいて歩いていく。

T1（キツネ）「うーん。なんだかさみしいなぁ」

T1「さぁ、動物たちのあいさつを見て、みんなはどう思った？」
C1「無視していた！」
C2「おはようございまーす！って言うんだよ！」
T2（ゾウ）「わぁ。あいさつが上手な1年生がたくさんいるね。どうしたらそうやって上手にあいさつができるの？」
C3「にっこり笑顔で、大きい声で言うんだよ！」
T2（ゾウ）「こうかな？　おはようございます！」（大きすぎる声で）
C4「怒鳴るとうるさいから、もう少し小さい声でいいよ」
T2（ゾウ）「なるほど。大きすぎない声で、にっこりして元気にあいさつするんだね！教えてくれてありがとう！」

2 へんじ力

［ねらい］ 会話を円滑に進める返事の仕方を知る。

T1（ゾウ） 「あっ、キリンさーん！」

T2（キリン） 「……」

※だまったまま振り向く。

T1（ゾウ） 「いま、話しかけてもいい？」

T2（キリン） 「……」

※その場でぐるぐる回る。

T1（ゾウ） 「ええ？　ねぇねぇ。今日のお昼休み、いっしょに遊べる？」

T2（キリン） 「うーん…」

※うなずいているのか悩んでいるのか微妙な返事をする。

T1（ゾウ）「なんだかおはなししづらいなぁ。こまったなぁ」

T1「さぁ、いまのやりとりを見て、どうだった？」

C1「ゾウさんがこまっていた！」

C2「キリンさんが、はなしを聞いているかわからないよ」

C3「無視されているのかなって思って、悲しくなっちゃうよ」

T1「キリンさんが、どんなふうにおはなしを聞いてくれたらゾウさんが困らないかな？」

C4「うん！ううん！とか、しっかり言う！」

C5「聞こえたら返事してあげる！」

T1「うん。お返事してくれると、話が伝わっているなってわかるね」

3　きく力

［ねらい］聞く姿勢や態度、表情を知る。

T1（キツネ）「さぁ、国語の学習をはじめますよ」

T2（ゾウ）「あー！　今日の給食はなんだろうな！　たのしみだな！」

※ぴょんぴょん跳ねる。

T1（キツネ）「今日は教科書の…」

T2（ゾウ）「（遮るように）ねぇねぇ、ブタさん、今日の給食なにが出るか知っている？」

※後ろを向いてぴょんぴょんしながら話しかける。

T3（ブタ）「ねぇ、いまは授業中だよ、ゾウさん」

T2（ゾウ）「そうだよ。先生が話しているもんね！　あっはっは！！」

T1「さて、元気いっぱいのゾウさんだけど、お話の聞き方はどうでしたか？」

C1「うるさかった！」

C2「授業中は静かにする。先生の話が聞こえなくなっちゃうもん」

C3「ぴょんぴょんしないで座るよ」

C4「友達に話しかけない」

C5「ブタさんたちにも話が聞こえなくなっちゃうから」

T2（ゾウ）「うーん。静かに座っていたら、ねむくなっちゃうよ」

※背中を丸める。

C6「グーチョキパーの姿勢で、先生のほうを見てお話を聞くんだよ」

T2（ゾウ）「話していることをよく聞くんだね。わかったよ！」

4 あいづち力

［ねらい］相手に伝わる「聞いているサイン」を知る。

T1（ゾウ）「ライオンさん、おはよう！」

T2（ライオン）「ん…」

※少しずれたほうを見ながら小声でモソモソ言う。

T1（ゾウ）「あれぇ？　聞こえているかな？　おーい！」（手を振る）

T2（ライオン）※視線が合わないまま、うなずく。

T1（ゾウ）「なんだ！　聞こえていたね！　今日のお昼休み、一緒に遊ぼう！」

T2（ライオン）「ん～」（ゾウと目が合わない）

※うなずいているような、首をかしげているような微妙な動きをする。

T1（ゾウ）「うーん。遊べるのかなぁ。ダメなのかなぁ」

※困ったように首をかしげる。

T1「いまの二人を見て、どう思った？」

C1「ゾウさんがこまっていたよ」

C2「ライオンさんが返事をちゃんとしてくれなかったから」

T1「そうだね。ライオンさんが、どんなふうに聞いてくれたらよかったかな？」

C3「ゾウさんのほうを見て聞くといいよ」

C4「『いいよ』とか言ってくれないと遊べないよ。返事したりうなずいたりするといいよ」

T1「そうだね。体を相手のほうに向けて、『お話を聞いているよ』の合図があるといいね。その合図のことを、『あいづち』と言うよ」

5　しせい力

［ねらい］聞いてもらえる姿勢や目線、声の大きさ、表情を知る。

T1（ゾウ）「お話しします。ぼくのたからものは……です」

※姿勢がくずれ、もぞもぞ動きつづけて発音が不明瞭。声も小さい。

T2（ブタ）「聞こえなかったので、もう一度お願いします」

T1（ゾウ）「え、ええ～。あのう。ぼくのたからものはキラキラの……です」

※下を向きながら早口で話していて、大事なところが聞こえない。

T3（キツネ）「では次に、ライオンさんどうぞ」

T4（ライオン）「わたしの宝物は、お肉のぬいぐるみです！　ふわふわで、いいにおいがするので、だっこするとうれしい気持ちになります！」

※ぴんとした姿勢、話す相手を見渡して、はっきりした口調で。

T12　※拍手をする。
T1（ゾウ）「ライオンさんは発表が上手だなぁ。ぼくとなにが違うんだろう～」
T1「さて、ゾウさんへのアドバイスを考えてあげましょう」
C1「みんなに聞こえるように、大きな声で話すといいよ」
C2「下を向くと聞こえないから、前を向いて話すよ」
C3「つけたしで、聞く人がたくさんいるときは、みんなのほうを見ながら話すよ」
C4「口を大きく開けて話すと、相手に聞こえやすいよ」
C5「少しゆっくりめに言うと、よく聞こえるよ」
T1（ゾウ）「こんな感じかなあ?」（助言を意識して話す）
※子どもたちがうなずく。
T1（ゾウ）「みんなの顔を見ながら話すと、聞いてくれているってわかってうれしいな。これからはこうやって話してみるよ！　ありがとう！」

6　目せん力

［ねらい］話すときに、相手に伝えるための目線について知る。

T1（ゾウ）「今日のお昼休みは、キリンさんとシーソーで遊びたいな」
「ねぇねぇ。今日さぁ、お昼休みに一緒にシーソーしようよ」
※目線が隣にいるキリンでなく、正面のブタのほうを向いている。

T2（キリン）「んー？」
※ゾウのほうを見るが、顔を戻して首をかしげる。

T1　～お昼休み～

T1（ゾウ）「あれぇ。キリンさん、来ていないなあ」

T2（キリン）「あ！　こんなところにいた！　シーソーしようって言ったじゃん！」
「ええ？　ブタさんを誘ってたんじゃなかったの？」

T1　「さぁ、今日のやりとりは、どうだったかな」
T1（ゾウ）　「まったく。キリンさんったら約束やぶってひどいよねえ」
C1　「キリンさんは約束したつもりじゃなかったよ」
C2　「ゾウさんがお話するとき、ブタさんのほうを向いていたから」
T1（ゾウ）　「ぼくはキリンさんと遊びたかったんだよ！」
C3　「話すときは、伝えたい相手のほうを見るんだよ」
C4　「相手もこっちを向いてから話しはじめると、聞いてもらえるよ」
C5　「誘うとき、相手の名前を呼んでから話すといいよ」
T1（ゾウ）　「なるほど。聞いてほしい相手と、目が合ってから話すといいんだね。うわぁ、みんなもぼくのほうをよく見て聞いてくれているから、話しやすいなぁ。教えてくれて、ありがとう」

7 出す声力

［ねらい］場面に合った適切な声の出し方を知る（参考「声のものさし」）。

T1（ゾウ）「よーし！　今日は発表だ！　がんばるぞ！」
「ぼくが調べたのは、ゴニョゴニョ…」
※だんだん声が小さくなる。

T2（キリン）「聞こえないので、もう一度言ってください」

T1（ゾウ）「ぼくが調べたのは、もにょもにょ…」
※声は少し大きくなったが、やはりなんて言っているかわからない。
「これで終わります！」

みんな　※拍手する。

T1（ゾウ）「あっ、キリンさーん！　ぼくの発表どうだったー？」
※耳元で大きな声で突然しゃべりだす。

T2（キリン）「うわーっ！　耳が痛いよぉ！」

T1「さぁ、今日のゾウさんの声はどうでしたか？」

C1「発表のときに声が小さくてよく聞こえなかった！」

C2「もにょもにょ言っているのも、よくわからなかったよ」

C3「キリンさんに話すときは、声が大きすぎだった」

T1「なるほど。ゾウさんになにかアドバイスをしてあげられる？」

C4「学級のみんなに発表するときは、ゾウの大きさの声で話すよ。口を開けてハキハキ話すといいよ」

C5「お隣のキリンさんに話しかけるときは、近くにいるんだからアリの声の大きさでいいんだよ」

C6「班のみんなと話し合うときは、イヌの声の大きさだよ」

8　こころ力

［ねらい］自分の気持ちをコントロールする大切さや、その方法を知る。

T1（ゾウ）「今日はブタさんがお休みだから、牛乳が1本余ったぞ！　おかわり、したい人！」

T2（キリン）「はーい！」

T1（ゾウ）「よし、じゃんけんで決めよう！　じゃんけんぽん！」（ゾウが負ける）「うわーー！　いやだぁ！」

※大声でわめきながら暴れまわる。

T2（キリン）「キリンさん、この前も勝ってたじゃん！　ぼくにちょうだいよ！」「えぇ…。じゃんけんで決めようって、ゾウさんが言ったんだよ」

T1（ゾウ）「だって牛乳飲みたいんだもん！　キリンさんの意地悪！　えーん！」

※泣きわめく。

T1　「さぁ、今日の二人のやりとりはどうだった？」
C1　「キリンさんは意地悪していないよ」
C2　「給食の時間は、大声出したらいけないよ」
C3　「ゾウさんが自分勝手だったよ」
T1（ゾウ）　「どうしても、牛乳をおかわりしたかったんだよぉ…」
C4　「じゃんけんで負けたら、しょうがないってあきらめなさや」
C5　「じゃんけんって、いつでも勝てるわけじゃないよ」
C6　「勝ったキリンさんも、悲しくなって飲めないかもよ」
C7　「おめでとう！　次はぼくが勝つよってたのしく言えばいいよ」
T1　「思いどおりにいかなくても、怒ったり泣いたりしないで、また次にがんばろうって思えるといいね。おめでとうも言えるといいね」

9　ことば力

［ねらい］ふわふわ言葉を使って、優しい気持ちを伝える方法を知る。

T1（ゾウ）「あれぇ。のりの蓋が開かないぞぅ…」

T2（キリン）「ゾウさん、開けてあげるよ。さぁ貸して」

T1（ゾウ）「あ〜おまえっ！　余計なことするな！　自分でできる！」

T2（キリン）「ご、ごめんねえ…」

※キリン、しくしく泣きながら去ろうとする。

T1（ゾウ）「お、お前。なに泣いているんだよ。なにかいやなことあったのか？　言えよ！」

T2（キリン）「ひいっ。な、なんでもないよう」

T1（ゾウ）「ちっ隠してんじゃねーよ。泣き虫キリン！　心配してやったのに」
T2（キリン）「えっ、ぼくのこと、心配してくれていたの…？」
T1「さぁ、今日のゾウさんはどんな子だったのかな」
C1「意地悪じゃないけど、言い方がこわいよ」
C2「おまえとか泣き虫とか、言っちゃだめだよ。友達がいなくなる」
C3「いやな言葉を使っていると、自分もいやな気持ちになるよ」
T1「キリンさんを心配している気持ちも、伝わらなかったね」
C4「言えよ！じゃなくて、大丈夫？って優しく言ってあげるといい」
C5「言い方とか態度がこわいと、周りの子にこわい子って思われる」
C6「チクチク言葉じゃなくて、言われてうれしいふわふわ言葉をいっぱい使うといいよ」

10　えがお力

［ねらい］笑顔で自分の気持ちを伝える。表情が気持ちを伝えるということを知る。

T１（ゾウ）「さぁ、休憩時間だからトイレに行っておこう！」

※キリンが飛び出してきてゾウとぶつかる。

T２（キリン）「わぁ！　ゾウさん、ごめん！　ぶつかっちゃった！」

※T１が無表情。無感情な声で返事をする。

T１（ゾウ）「あぁ、まぁいいよー」

T２（キリン）「え、ええっ。ゾウさん怒っている？」

T１（ゾウ）「怒ってないよ。ねぇ、お昼休みに体育倉庫で待ち合わせをしよう」

※T１が無表情、無感情な声でキリンを誘う。

T２（キリン）「う、うん…。わかった」

T1（ゾウ）「な、なにをするつもりだろう。こわいよう」
※震えるキリン。
T1「キリンさんと遊ぶの、たのしみだなぁ」
C1「今日はなんだか、誤解があったみたいだね」
C2「キリンさんは、ゾウさんが怒っていると思っているよ」
T1「ゾウさんは暗い感じで、怒っているようにも見えたよ」
T1「ゾウさん、本当は怒っていたの？」
T1（ゾウ）「怒ってないよ。どうしたらちゃんと気持ちが伝わるのかな～」
C3「怒っていないときは、笑顔でにっこり話すといいよ」
C4「えがおで言うと、声も優しい感じになるんだよ」

集団に慣れ、人とのかかわりを広げる学年集会づくり

ここでは引きつづき、月齢別クラス実施期間中の学年集会について紹介します。学年全員で多目的ホールに集まり、各担任が役割分担をして3～4つの活動を行います。「動の活動」から「静の活動」に徐々に進んでいく点に特徴があります。例を挙げましょう。

①今月の歌
②手遊び、または読み聞かせ
③ＳＳＴの話（前項で取り上げた活動）

立って元気よく歌う↓座ってたのしみながら遊ぶ↓静かに紙芝居や絵本を聞く↓ＳＳＴの力について話を聞く（加えて、簡単な練習をする）といったように活動が変化していきます。

だんだんと落ち着いた活動にしていくことで、子どもが心を落ち着かせ、集中して話

を聞けるようにすることがねらいです。かりに「静」と「動」の活動を交互に行うと、子どもたちは心のコントロールをしづらくなり、落ち着いて参加することがむずかしくなります。

学級ではなく学年で集会を行うメリットは大きく二つあります。

一つ目は、「集団で集まるときには静かに参加する」トレーニングになることです。最初のころはザワザワしていても、ちょっとした工夫次第で学年全員で静かに参加できるようになります。効果的な例を挙げると次のような取組です。

- ●注意を引きつける手遊びなどを行う。
- ●グーにした手をかかげる、指の本数で合図をするなど、学年で統一された合図を出す。
- ●姿勢や話の聞き方がよい子どもをほめてモデル化する。

大人数で静かに過ごす心地よさを感じることができた子どもたちは、自然とその状態になろうと思うようになり、だんだんと行動できるようになります。

もちろん、なかにはそうできない子どもがいることもあるでしょう。そうした際にも、周りの子どもたちがその子の特性を理解し、一緒に過ごしたりフォローしたりすることで落ち着いていきます。加えて、いまは別の学級でも、2年生になったときに同じ学級になる子がいるので、そうした子どもたちと同じ場で同じ時間を過ごした経験は、進級してからの子どもたちの安心感につながります。

資料2　学年集会の様子

二つ目は、活動ごとに各担任が担当することで、子どもたちが学年のすべての先生とかかわりをもちながら慣れていけることです。

各活動の担当をローテーションにすることで、「あの先生と過ごすのはたのしい、この先生と過ごすのもたのしい」といったポジティブな経験を積み重ねることができます。

逆に、担当を固定化してしまうと、「A先生はいつも一緒に活動してくれてたのしい」「B先生はいつも『○○をやってください』『○○はしないでください』とばかり言っていてたのしそうじゃないし、なんだか怖そう」などといった印象をもたせてしまいかねません。

日ごとに担当が変わるわけですから、指示の仕方や活動の仕方に違いが生じることもありますが、活動を継続していくことで慣れていくことができますし、どの先生ともかかわれるようになるので、〝担任の先生だけじゃなく、頼っていいんだ〟という意識をもたせることができます。これは、学校生活を送る子どもたちの日々のストレスやプレッシャーを和らげるうえでとても効果的です。

いつも同じルーティンだから安心して学べる

1年生の国語科では、ひらがな、カタカナ、漢字を覚える練習をします。子どもにしてみれば、次から次へと新しい字を覚えなくてはならないので、負担が大きい学習の一つです。この負担をなるだけ軽くするために、新しい字を学習する際には、いつも同じルーティンで取り組めるようにしています。

●読み方を確認する。
●使い方を確認する（その字がつく言葉や熟語を集める、例文を読む）。
●４分割マスを用いて書き方とポイントを確認する。
●筆順を声に出しながらワークに指書きする。
●筆順を声に出しながら空書きする。
●筆順を声に出しながら机に指書きする。
●スキルにえんぴつで書き込む。

「さあ、今日もあかねこタイムいくよ！　なんページかな？　〇ページの〇個目だね。新しい読み方。さん、はい！」などと、漢字の練習をはじめる際の合図の言葉かけも毎回同じにしています。そうしていると、「空書き（の指）用意！　さん、はい！」など、教師のいつもの合図を真似しだす子どもも現れます。

習慣化してくると、家庭学習でも同じようにできるようになりますし、補欠の先生に日々のルーティンを伝えておけば、私がお休みをとるときにも安心して教室に入ってもらうことができます。

熱意はきっと子どもに届く。

東洋館
出版社

また、ポイントを説明するときに力を発揮するのが、「バツの○のコーナー」（○には該当のひらがなが入ります）です。これは、書き順が違う書き方や、バランスが悪かったり、間違えたりしている字を子どもたちの前で書き、間違い探しをする活動ですが、子どもたちはこのコーナーが大好きで、次のように発言してくれます（注意深く字を観察する力がつきます）。

「二角目が長すぎます」
「三角目がはねてしまっています」
「3の部屋（4分割マスを指す）まではみだしています」

教師がグッドモデルを演じる

子どもは教師のことを本当によく見ています。よくも悪くも真似をしようとしますから。〝この特性をうまく生かせないかな？〟と思って行うようになったのが、教師がグッドモデルを演じることです。

たとえば、子どもがなにかいい発言をしたとします。すると私は、ちょっと大げさに拍手しながら子どもっぽく「すごーい！　よく見つけたね！」などと声をかけます。コツは、子どもたちが日常的に使いやすい簡単なフレーズにして、ややゆっくり話すことです。子どもが真似をしやすくすることがねらいです。

こんなちょっとしたことなのですが、つづけているうちに、子どもたちは〝だれかがいいことをしたら（活躍したら）声をかけるだけでなく、拍手をするものなんだな〟と受け止め、自分も拍手することで、だれかの活躍を称えるうれしさやたのしさを感じるようになります。

すると、たとえば音楽科で上手に演奏ができたクラスメイトや、体育科でなかなかできなかった技ができるようになったクラスメイトを見つけては、拍手をしながら「すごーい！」と称賛するようになります。

ほかにも、配付プリントの受け渡しのときには「はい！　どうぞ」、なにかしてもらったときには「ありがとう！　助かった」、困っているときに声をかけてくれたときには「手伝ってくれるの？　やっさしいぃ！」など、弾むような調子でたのしげにグッドモデルを演じて見せています。

よい学び方・学ぶ姿の価値観を共有する

1　学ぶよさを伝える

新しい学習をはじめる際の導入場面で、子どもたちに必ず伝えていることがあります。それは、「その学習をすると、どんなことに役立つのか」です。

算数科の足し算の学習であれば、次のような言葉かけです。

「たくさんあるものが、すごく早く数えられるようになるよ」

以前、同じように声をかけたところ、「家で集めているおもちゃの数を数えてみたい！今日の算数がんばる！」と発言してくれた子がいました。

また、道徳科のオリエンテーションでは、「お友達と仲よくできるようになったり、『こうなりたいな～』って思っている自分になったりすることができるよ」と話してみたところ、ある子が「ぼくはやさしい人になりたいです！」と発言してくれました。

音楽科なら「歌ったり楽器を上手に演奏したりしながら、音楽をたのしめるようになるよ」、生活科なら「生き物と仲よくしたり、身近な物を使っておもちゃをつくったりすることができるようになるよ」といったように、子どもたちがわくわくする言葉を選びながら、その学習に期待感をもてるようにします。

1年生であっても、自分が取り組むことが、後々なんの役に立つのかを知りたいと思っていますし、具体的にわかると意欲を燃やすようです。

2　自ら学んでみたいと思える意欲を高める

書ける字が増えた、知っている言葉が増えたといった新たな知識の獲得、一人で問題が解けた、前よりも計算が速くなったという新たな技能の獲得を通して、子どもたちは自分の成長を実感します。この自分自身の成長実感が、「学ぶってたのしい、おもしろい、またやってみたい」と、次の新しい学習へと向かう意欲の源泉となります。

こうした成長実感が伴う授業にするには、子どもたちの学習の伴走者としての役割を教師が果たすことが大切です。そこで、私は次のような取組を足がかりにしながら子どもたちの学習意欲を高めることに努めています。

(1)　学習活動にゲーム性をもたせる

どの学級にも学習に取り組むことがむずかしい子どもがいます。ただ、一口に「むずかしい」といっても、さまざまなむずかしさがあるでしょう。ここでは、次の2つに区分して考えてみたいと思います。

- やりたいって思っていてもできない子
- そもそもやりたいと思えない子

まず最初に紹介したいのが、学習活動にゲーム性をもたせることです。多くの学級で取り入れていることだと思いますが、右に挙げた子ども双方に働きかけることができます。「黒板リレー」なども、その代表的な活動の一つで、中途半端に授業時間が残ってしまったときなどにもおすすめです。

まず黒板をチョークの縦線で三つに区切り、子どもたちをチーム分けをします。一番前の席の子にチョークを渡してお題を伝えます。

たとえば、国語科の季節の学習と関連させて「夏を思い浮かべるもの」とか、ひらがなの学習と関連させて「『あ』がつく言葉」、生活科の学習と関連させて「学校にある教室の名前」、図工科と関連させて「色の名前」など、さまざまなお題を出すことができます。

チョークを受け取った子どもは、黒板のスペースにお題に合う言葉を書いて次の子にチョークをパスします。制限時間内なら、何周でもパスを回すことができます。

時間になったら教師が赤チョークをもち、子どもたちに「これは『○』？　それとも『×』？」と確認しながら丸つけをしていきます。子どもたちは一生懸命自分のチームが何点取れたのかを数えはじめます。

この活動のよいところは、対戦型のゲーム形式にできることです。子どもは意欲的に取り組んでくれます。ほかにも、同じチームの子に一生懸命ヒントを出したり応援したりするかかわりが生まれることや、答えを思いつけない子でもチョークのパスを待つ間、周りのチームからヒントを得られるといった利点も挙げられます。

算数科の学習活動であれば、「うさぎとカメ」を取り入れている学級があると思います。たとえば、いくつかある計算の練習問題を全部解くのを「うさぎさんコース」とし、特定の問題だけに取り組むのを「カメさんコース」とします。

「カメさんコースは〇番と〇番！ コースを選んで、よーいスタート！」と合図を出せば、子どもたちは残り時間をタイマーで確認しながらコースを決め、気合いを入れて黙々と取り組みはじめます。コースが違うので、ゴールのタイミングもそれぞれです。

また、カメさんコースを選んだ子も、ゴール後にうさぎさんコースにチャレンジできるようにしているので、慣れてくるとそうした子も現れます。

このように、自分にあったレベルを選択できる学習活動にすることで、スモールステップでクリアできるようになります。すると、意欲の低い子どもであっても途中で諦めることなく、最後までたのしく取り組むことができます。

その際、課題が1つ終わったら、自分で次の課題（シートなど）を歩いて取りに行くようにするのもよいでしょう。「歩いて取りに行く」という動作がリフレッシュする機会になりますし、課題をどんどん進めたいという気持ちも高まるし、その様子は周囲にも伝わるので、学級全体が活気づきます。

ほかにも、「三角切り」がおすすめです。これは、漢字スキルや計算ドリル、書写ノートなどのワーク類で効果があるもので、子どもが完成させたページの角をハサミで切り取るという取組です（子どもたちには事前に理由を説明し、ハサミを入れることの許可を取っておきます）。

三角切りのよさは、次の2点です。

- 「終わっていないページはどれか」が、使用する子どもたちにも、丸つけをする私たちにもすぐに見つかる。
- 「ページを切り取られたことで教師のお墨つきをもらえた」という達成感をもたらしてくれる（それが励みになってより意欲的になる）。

課題に取り組む意欲が低い子や、解き直し・書き直しを面倒くさがる子たちにとって効果が高い取組でもあります。また、取り組むペースがゆっくりの子も、自主的に「休み時間に進めていいですか？」「家でやってきてもいいですか？」などと聞きに来て取り組んだり、切られたページをうれしそうに眺めていたりするといった姿が見られます（なかには、終わっていないのに自分で切ってしまう子がいるかもしれないとも思いましたが杞憂でした）。

(2) 子どもを暇にさせない

授業中、子どもが暇になる状況にはいくつかあると思いますが、私は次を想定しています（とくに算数科や国語科で顕著に見られます）。

【勉強が得意な子どものペースに合わせる授業】 得意ではない子どもたちはどんどんおいて行かれて脱落し、意識が学習に向かわなくなる。

【勉強が得意ではない子どものペースに合わせる授業】 得意な子どもたちはすぐにやることがなくなって時間をもて余す。

いずれにおいても共通していることは、授業中「暇している」子どもたちが常に一定数いるということです。

もし、〝仕方がない〟とばかりに教師が手を打たないでいると、子どもたちは机に突っ伏す、私語をはじめる、立ち歩きをする、友達にこっそり渡すための手紙を書き出す、消しゴムのカスで練り消しをつくりだす、といった行動をはじめます。ひとたび常態化してしまうと、いくら注意しても、ちょっとした隙を見つけては元に戻ってしまいます。

そこで、毎日の授業において特に意識しているのが「子どもを暇にさせない」ことです。その方法はいたってシンプルで、「学習が終わった後になにをするのか」をあらかじめ提示しておくことです。とくに、学習に取り組むペースに顕著な差が出る個人学習・個人作業のときに有効な方法です。

例を挙げると、次のとおりです（ぬり絵プリントやクレヨンなどといった道具は事前に用意しておきます）。

● ○○まで終わった人は色ぬりをする。
● ノートを提出したら△△を音読しながら待つ。
● □□が終わった人はミニ先生になって困っている人にヒントを出す。
● ぬり絵プリントをもらって取り組む、など。

3 「うまくできた！」という成功体験を積めるようにする

得意・不得意が顕著な図工・音楽・体育といった技能系の教科では、なによりも「たのしむこと」「親しむこと」を重視して目標に掲げています。

もし、失敗した、できなかったという経験から、〝自分はみんなよりも劣っている〟などと子どもに感じさせてしまえばその後、消し去るのがむずかしい苦手意識となります。

私自身、小学生のときに、図工専科の先生に作品を批判されたり勝手に手直しされたりしたことで苦手意識をもつようになり、図工の時間が近づくたびにお腹が痛くなってしまい、とても困りました。

技能教科に親しみ、たのしみを見いだして熱中できるようにするには工夫が必要です。図工科であれば、（教師が作品を手にした子どもの写真を撮る）「作品とのツーショット撮影」を取り入れています。学習の評価資料としてはじめた活動だったのですが、実際にやってみて次のメリットがあることに気づきました。

- 撮影するときに必ず作品についてほめることができる。
- 子どもは自分の作品に自信をもつことができる。
- 子ども同士の鑑賞活動につながる。
- ほめ言葉のバリエーションを獲得できる、など。

制作活動中、子ども全員にバランスよく声をかけるのはむずかしいものです。また、だれかの補助に入ったりすると、活動の様子や作品がよく見られないこともあります。その点、「作品とのツーショット撮影」であれば、子ども一人ひとりと次のようにやりとりすることができるようになります。

「仕上がった子からもっておいで。先生が作品とみんなを一人ひとり記念撮影するよ」

と言うと、子どもたちは笑顔で作品をもってきてくれるので、一人ひとりの作品を見ながら次のように声をかけ、カメラマンさながらのように作品を手にした子どもを撮影します。

「点々を丁寧に並べて描けたね」

「いまにも動き出しそうな勢いのある表情で素敵だね」

「前衛的なデザインでかっこいいね」

「渋い色をつくって使えたね。何色を混ぜたの？」

作品づくりを進めている子どもも、そうした様子をチラチラと見ているので、「私にも見せて！」「本当に動き出しそう！」「きれいな色！」などと声がかかり、子ども同士の鑑賞活動が生まれます。

自分の作品がたくさんほめられれば、〝すてきな絵を描けた〟〝じょうずに作品をつくることができた〟と、子どもは自信をもつことができます。

音楽や体育でも、ほめる声かけをたくさんすることを心がけています。

「わぁ！　歌詞に出てくるかわいい子犬みたいな歌声だったね」

「鍵盤ハーモニカの音、よく揃っていて素敵！」

「もうこんなに弾けるようになったの？　上手だったから、もう一回聴かせてくれない？」

「赤チーム、速い速い！　チーターのように足が速い！」

「白チーム、くねくねコースを楽々とすぎていきます！　足の動きがすばらしいです！」

「あら！　準備体操でアキレス腱をよく伸ばせているね！　ケガ防止の意識がすごい！」

活動内容に合わせ、学習のポイントとなる要素を織り交ぜながら、子どもたちがたのしくなるような声かけを行うようにします。

教師への視線を薄くし、クラスメイトとのかかわりを厚くする

1年生には、特徴的な行動がいくつもありますが、そのひとつに挙げられるのが、担任へのアプローチの仕方です。

教師は教室内で唯一の大人であることが、子どもたちの関心を強く惹きつけるのでしょう。ことあるごとに、脇目も振らず、近寄ってきては、「見て！」「聞いて！」「ほめて！」「手伝って！」と言ってきます。自分のことを認めてもらおうと夢中でアピールしてくるのですね。

それ自体は微笑ましいことなのですが、担任一人ですべてに応えることはできません。加えて、教師とのかかわりに満足感を得られると、担任との一対一のかかわりをよりいっそう求めるようになります。

このように1年生の子どもたちの視線は主に教師に注がれています。クラスメイトの姿は視界には入っているものの、意識的には見えていないので、そのままでは子ども同士のかかわりは深まっていきません。

そこで、「学級のなかで唯一の大人」「いろんなことを教えてくれる大人」といった（子どもたちにとっての）特別感を薄め、クラスメイトのほうに関心が向かうようにします。

休み時間に子どもたちが私のもとに集まってくる場面であれば、その子たちとだけ話をするのではなく、「いま、みんなとこんな話をしているんだけど、Aさんはどう思う？」などとその輪に入っていない子どもに声をかけます。

Aさんがなにか答えてくれたら、私は「そうなんだね〜、じゃあBさんはどうかな？」

とまた別の子に声をかけます。そのようにして、会話にかかわる子どものコミュニケーションの輪を広げていくのです。授業で子ども同士の対話を促すのと同じですね。

そうするうちに、クラスメイトへの関心が少しずつ高まっていくので、授業においても、「わたしはこう思うけど、ほかの人はどう思いますか?」「今度はCさんの意見を聞きたいです」などと発言する子どもが現れはじめます。

ほかにも、教師の特別感を薄くする工夫として、次のことを心がけています。

- 休み時間などでの雑談では、過度にほめたりたのしませたりはしない。
- 子どもと一緒に遊ぶ場面でも、自分が目立つことは控える。ドッジボールなどの勝負事であれば審判役にまわる。
- 答えやアイデアを簡単にあげない。

いずれにも共通するのは、教師とかかわることで、なにかしら得をしたり、楽ができたりしないようにすることです。

教師の特別感を薄めて子ども同士のかかわりを無理なく増やしていければ、お互いにもっているよさやおもしろさに気づけるようになります。休み時間などでのかかわりだけでなく、学習を通して深めていけると、ともに課題に取り組む安心感やたのしさ、自分の得意なことを生かして分業することのおもしろさ、出来上がりの質の高まりへの気づきにつながっていきます。
クラスメイトを尊重し、教え合い、助け合う関係性が生まれれば、おのずと協働的な学びが生まれる素地になるでしょう。

シエスタ・タイムのすすめ

1学期後半あたりから学校行事が行われるようになり、気温も高くなります。殊に小学校生活に慣れながらの日々なので、大人が想像する以上に子どもたちは疲労します。そこで取り入れているのが「シエスタ・タイム」です。

〈シエスタ・タイムを設ける場面〉
●運動会練習の後やプール学習の後、校外学習の後など、子どもたちの疲労がピークに達する前

〈シエスタ・タイムの時間〉

●時間はおよそ10分
〈「シエスタ・タイム」でしていいこと〉
●お昼寝
●本を読んだり、ぼぉーっとしたり、折り紙をしたりするなど、自分一人で静かに行えること。
〈「シエスタ・タイム」でしてはいけないこと〉
●お昼寝している人を起こすこと。
●クラスメイトに話しかけること。
●立ち歩くこと。
●大きな音を出すこと。

右に挙げたことを子どもが理解できていれば、「これからシエスタ・タイムをとるよ」と言うだけで、子どもは思い思いに休憩してくれます。

この取組のよさは、子どもたち一人ひとりが自分に合った休み方を選ぶことができることです。同じ1年生とはいえ、体力も違いますし、疲れたときにしたいこともそれぞれです。一人ひとりが自分の時間を過ごせるようにすることで、次の活動に向けて気力と体力を回復させることができるのです。

学校には日課があり、子どもたちは時間を守って生活することの大切さと技能を日々学んでいます。しかしそれは、自分の欲求を抑えて周りに合わせることでもあります。こうした集団生活は、1年生にとってかなりのストレスになることを考えると、シエスタ・タイムのようなゆとりのある時間が、とても大切なのではないかと考えています。

児童指導が効果的であるために必要なこと

ここで言う児童指導とは、主に子ども同士のトラブル対応や、危険な行動があったときの対応、学校のルールを破ったときの対応を指します。

（ときには自分が担任していない子どもを指導する場合もありますが）効果的な児童指導を行うには、児童との信頼関係を築けていることが必要条件となります。子どもがもし、教師を自分にとってよい存在だと認めていないと、どれだけ正しいことをやさしく諭したとしても、その子は理解しようとしたり納得しようとしたりしません。

ここで紹介するのは、すでに信頼関係を築けていることを前提とした児童指導のポイントです。

●人格でなく行動について指導する。
●正直に言えたことをたくさんほめ、その気持ちは次の正しい行動につながるという期待と信頼の気持ちを伝える。
●再発防止のために気をつけることを一緒に考える。

これまでの生活経験で、強く叱られ慣れているような子は、正直に言うことをよしとせず、「なかなか口を開かない、認めない」ことを処世術として身につけていることがあります。そのような子どもの場合には、次のようにやりとりします。

教師「昼休み、なにかいやな思いをしちゃったんだって？」
＊まず、その子の立場に立ち、不満に思ったことを共感的に引き出します。
子ども「Ａさんに悪口を言われた」
教師「そうされて、どんな気持ちになったの？」
子ども「いやだったから、イライラした」
教師「それはいやだよね。その気持ちは伝えた？」
子ども「言ってない」

教師「そうかぁ。いやなことをされたらまず、それをされたらいやだよって伝えることが大切だよ。悪口を言われたらいやだったって、相手はまだ気づいていないかもしれないからね」

子ども「わかった」

教師「悪口を言われていやな思いをしちゃったから、Aさんにはどうしてほしいと思う?」

子ども「やらないでほしいし、謝ってほしい」

教師「そうだね。今日したことを謝ってもらって、もうやらないよって約束してほしいね。じゃあ先生もついていくから、Aさんにその気持ちを伝えに行こうか」

子ども「うん…」

ポイントは、子どもの不満やどうしたいのかをしっかり聞くことと、解決に向けて動く際は教師が同伴のもと子ども同士で話をさせることです。

子ども同士で解決できるようになれば、教師に助けを求めるより自力で解決することを選ぶようになりますし、トラブルもこじれにくくなります。

また、ずいぶん前のことですが、担任していない学級に入ったとき、「先生、Bさんに嫌なことをされました」と訴えてきた子どもがいました。

私は「それで、どうしたいの？」と聞くと、「先生、Bさんを叱ってください！」と、その子は言います。

この子はおそらく、だれかから嫌なことをされるたびに訴え、先生に叱ってもらうことですっきりするという経験を積んできたのでしょう。

しかし、この子に必要なのは、トラブルに正対して自己解決するという成功体験です。将来、実社会で有意義に生きていくために必要なことだからです。

教師はあくまでも、子どもが自立に向かっていける手助けをする存在である必要があります。そのためにも、教師が叱り係を担ってはならないと思います。

教師がもし叱り係を買って出て、「あなたが悪いのだから、謝りなさい」などとジャッジしてしまえば、子どもたちの問題解決力が育たないばかりか、いかに教師を使うかといった、人として好ましくない行動を助長しかねません。

加えて、告げ口されて教師に叱られた子どものほうも、口では「ごめんなさい」と謝りながら、心のなかでは納得しないはずです。

こうしたことを踏まえ、子どもに対してどうすることが大切なのか、価値観を伝えることはしますが、教師自身が子どもたちの判断基準にならないようにする必要があります。

右に挙げたケースであれば、「相手はどう感じたと思う？」「どうしたらお互いにすっきりした気持ちになれるかな？」と問いながら考えさせ、子ども自身が自分の行動を決定できるようにします。

大人に促されて言わされた「ごめんなさい」と、自分から謝るべきだと思って言う「ごめんなさい」は、言葉は同じでも、その意味は大きく異なります。

重要なのは、当人の心に響いているかです。響いてさえいれば、子どもは真摯に学び、次に似た状況に陥ったときにも心にブレーキをかけ、賢明な行動を選択しようとします。

＊

ここまで「小１プロブレム」から脱する考え方と方法について述べてきました。次章からは、「挑戦し、成長を実感させる２学期」をどうつくっていけばよいかについて述べていきたいと思います。

第3章

挑戦し、成長を実感できるようにする2学期

本章では、次に挙げる「2学期に目指すこと」と「2学期の指導で心がけるポイント」のなかから、とくに重視して取り組んでいることを中心に述べていきます。

〈2学期に目指すこと〉

●学校生活リズムを取り戻すための助走期間を設ける。
●夢中で学べる学習集団をつくる。
●一方的に教師の都合を押しつけない。
●「あいづち力」をはぐくむ。
●「担任の先生がいなくて大丈夫な学級」にする。
●「まじめにがんばることが評価される学級」にする。
●失敗がこわくなくなる環境をつくる。
●偏った見方から不適切な発言をしてしまう子どもに対応する。
●「自分の仕事」や「行事」に対して前向きに、たのしく取り組めるようにする。

〈2学期の指導で心がけるポイント〉

●学級内での序列化（スクールカースト化）を防ぐ。

●子どもが自分の困り感や不満を解決できるようにする。
●「人は人、自分は自分ということ」「注意すべきこととそうでないこと」を区別できるようにする。

学校生活のリズムを取り戻すための助走期間を設ける

長い夏休みが明けると、2学期がはじまります。はじめての長期休みを挟んだことで〝元気に登校してきてくれるかな〟と心配になることもありますが、思ったよりも元気な姿で登校してくる姿を見ることが多くほっとします。

ただ、「元気に夏休みのたのしい思い出を話してくる子」がいる一方で、次のような子もいます。

●生活リズムが崩れてだるそう、ねむそうな子
●なかなか気力を出せない子
●なにもたのしいことなんてなかった…と言わんばかりの表情の暗い子

こうした子どもたちを含め、私たち教師ができることは、学校生活に再び馴染めるようにする工夫です。

始業式の後しばらくは午前授業がつづきますが、その期間はけっして無理をさせないことです。スロースターターに努め、読み聞かせをしたり、動画を視聴したりする時間を取りながら、のんびりと過ごせるようにします。

2学期は、1年のなかで最も長い学期です。学校行事もたくさん予定されており、1年生にとってははじめて経験することばかりですから、どのような活動もたのしく取り組めるように、しっかり助走期間を設けるようにします。

このように考える私はほかにも、「学校に行くと、家でだらだらしているよりずっとたのしいぞ」と子どもが思えるようにする取組のひとつとして「人数あてゲーム」を行っています。これは、夏休みに関する設問に対して「〇」か「×」を記入してもらい、どれくらいの人が「〇」をつけたのかを予想しながら当てっこして遊ぶゲームです。

進め方は以下のとおり。

①夏休みに関する「〇×問題」を配る。
②子どもたちは、「〇」の予想人数を枠内に書き入れる。

資料1　ゲームの設問例

1ねんせい　なつやすみクイズ

～　クラスになんにんいるか よそうしてみよう　～

	クイズ	よそう (にん)	こたえ (にん) こたえあわせのときにあかでかこう。
1	もうすこし、なつやすみが ながくてもいいとおもうひと		
2	なつやすみに、おひるねをしたひと		
3	なつやすみに、かきごおりかアイスを たべたひと		
4	なつやすみに、スイカをたべたひと		
5	なつやすみに、プールやうみにいったひと		
6	なつやすみに、はなびをしたか みたひと		
7	なつやすみに、しらないひとと はなしたひと		
8	なつやすみに、おなじクラスのともだちにあったひと		
9	なつやすみに、よこやましょうのせんせいを みかけたひと		
10	きのう、しゅくだいをしたひと		

③回答が済んだら、用紙を隣の子と交換する。

④教師が1問ずつアンケートを取り、挙手でカウントしていく。

⑤ピタリ賞は「○」で3点、ニアピン賞は「△」で1点とする。

⑥採点が済んだら、用紙を返す。

設問例は次のとおり（**資料1**）。家族で旅行をしたとか、なにか贅沢な経験をしたなどといった経済的・心情的格差を感じさせるような設問にしないのがポイントです。

ほかにも、9マスくらいのビンゴ形式にして、じゃんけんして勝ったほうから「夏休みに〇〇しましたか？」と質問し、当てはまる子の名前を書き入れながらビンゴを目指すといったゲームにすることもあります。

長期休み明けはじっとしているよりも、動き回りながらクラスメイトと交流できる遊びを気楽にたのしめるようにすることが大切です。

次に紹介するのは、生活科で行った砂場での活動です。

導入ではめあてと学習の流れを説明し、あとは極力口を出さずに見守る役に徹します。この活動を通して、子どもたちのおもしろいかかわりが見えてきます（**資料2**）。

●一人で砂を触ったり造形遊びしたりしてたのしむ。
●友達を真似しながら同じものをつくる。
●協力して山をつくったり、友達の足や手を埋めようとしたりする。
●近くのグループにつくったものを合体させることを提案する。
●みんなで水を汲みにいき、川や穴のところに流して観察する。
●周りで見ていた子も、ドロドロになった部分に恐る恐る触ってみる。
●気が済むまで水を増やしたり、規模を大きくしたりして遊ぶ。

こうした思い思いの行動を自由にさせることで、子どもたちはクラスメイトとのかかわりをたのしみながら、リラックスした調子で活動できるので、夏休み明けにテンションが下がっていた子も、だんだんと1学期の調子を取り戻していきます。

資料2　砂場での活動の様子

夢中で学べる学習集団をつくる

勉学に気持ちを向けるのがむずかしい時代です。

ネットにアクセスすれば、何時間でもたのしめる動画がたくさんあります。次から次へと新しい情報が流れてくるSNSからは目が離せなくなるし、巧妙な仕かけが施されたゲームは別の世界へと連れだってくれます。このように子どもたちの日常は、苦労せずともたのしめるコンテンツに囲まれています。

こうした時代に、子どもたちが「自ら学びたい！」と思えるようにするのは本当にむずかしいことだと思います。教師の頭を悩ませつづける課題です。

私もそのひとりですが、なんとかしたいと考えて取り組んでいることが、次に挙げる2点です。

①学びに「集中できる環境」を用意する。
②「学ぶたのしみ」を実感できるようにする。

この「環境」と「実感」をうみだすのに欠かせないのが心理的安全性です。それがなければ、教室が次に挙げる場になってしまうでしょう。

●子どもたちが不要なストレスやプレッシャーを絶えず感じつづけている。
●学びに対する価値観がバラバラで、個人個人で同時にまったく別のことをしつづけている。
●のびのびと学習しているように見える子がいる一方で、我慢を強いられている子が一定数いる。

とても居心地のいい環境とはいえないですよね。そのうえ、教室がそんな場所であったとしても、週に5日も通わないといけないのですから、その学級の子どもたちは本当に辛いと思います（登校渋りの原因の一つにもなっていると思います）。

そこで私は、先に挙げた2点に取り組むことを通して、学校に来るのがたのしみになる「夢中で学べる学習集団づくり」を目指しています。

この学習集団には、次の特徴があります。

●安心して学びに集中できる環境と学級の人間関係ができている。

●よい学び方・学びの姿の価値観が共有できている。
●仲間と協力しながら学ぶことができている。

子どもたち一人ひとりが、身体的・精神的・社会的に良好な状態でいられるようにすることが第一です。どの学年においてもそうですが、とりわけ小学校に入学したばかりの子どもたちにとっては、とくに大切にしたいことです。

幼いころから望ましい環境に身を置ければ、自分たちの所属する集団を自らよりよくしようとする意識をもてるようになります。まさに、子どもたちが学ぶ教室環境が、ウェルビーイングを享受できる居場所になっていることが理想です。

そこでここでは、1年生の学級担任としてもっておきたい考え方や取組を紹介していきたいと思います。

一方的に教師の都合を押しつけない

蒔田晋時さんの有名な詩に「教室はまちがうところだ」という一節があります。全国の学校で愛されつづけてきた詩で、とても素敵な言葉です。私も心から共感しており、子どもたちにもたくさん紹介してきました。

その一方で〝時と場合によるかな…〟と思うこともあります。

子どもたちからすれば、「教室はまちがうところだ」などと簡単に受け入れられるものではないからです。自分の考えが間違えているのを承知のうえで、堂々と発表したいと思う子どもなどいません。人前で失敗するなんて、嫌に決まっています。

それでも私たち教師は、授業で子どもの誤答を見つけると(よかれと思って、つい)「大丈夫だよ。間違えてもいいから、思ったことを言ってみて」などと子どもに発言を促します。「間違えてもいいから…」というのは私たち教師の都合です。授業中の沈黙が嫌だから、そう促してしまうこともあります(もちろん、どんなときにも誤答を取り上げてはいけないわけではありませんが、そうする場合にも、細心の注意を払い、工夫する必要があると思います)。

人前で失敗するのが嫌な子どもたち。

授業中の沈黙が嫌な教師。

もし、不必要に子どもに恥ずかしい思いをさせたり、強いストレスを与えたりしていれば、当の本人はもちろんのこと、その様子を見ている周りの子どもたちも萎縮させます。それのみならず、発表することに対して抵抗感をもつようになって学習が嫌いになったり、教師や学校に対して不信感をもったりすることだってあります。それでは辛いばかりで、ちっともたのしくありません。

だからこそ、お互い余計なプレッシャーやストレス、不安感を感じずに済む工夫が必要です。そしてそれは、けっしてむずかしいことではありません。教師の都合を押しつけられたと子どもに感じさせないように気をつけるだけでもずいぶん違うからです。

もう一つ、挙げておきたいことがあります。それは、(「学級目標を決めるときに大切なこと」でも少し取り上げましたが) ダブルバインドです。これは、それと気づかず私自身もしてしまっていたことでもあります。

たとえば、真面目に掃除をしようとしなかった子どもたちに対して説諭している最中、ある子が「だって先生…」と口を挟む子がいると、「人が話しているときは、しゃべらず最後まで聞きましょう」と指導していました。

そうでありながら、授業中「先生が話をしているときでも、なにか気づいたことがあったら発言してください」「だまっていないで、反応しましょう」とも指導していました。

教師に教わったことを覚えていて、律儀に実践しようとする子どもたちですから、状況によってよし悪しが変わってしまう指導は混乱させてしまうだけでした。

いわゆる「時と場合による」というのは、とくに生活経験が乏しい1年生にとってはとてもむずかしいのです。そうかといって、TPO (Time—時間、Place—場所、Occasion—場面）が身につかなくてもよいわけでもありません。

子どもたちをしっかり育てていくためには、指導という名の教師の都合は必要です。しかし、それを一方的に押しつけるだけでは、子どもたちを混乱させたり不安を感じさせたりしてしまうということです。

そこで、どのような「時と場合」であれば最後までしっかり話を聞いたほうがよいのか（逆に、話の途中でもどんどん自分の考えを発言してもよいのか）を、子どもたちと共に考える時間を設定して話し合ったり、「どうぞ話をして」という場面であれば手を耳元に添えて顔を傾けるといった仕草をして見せるといった指導を組み合わせたりしながら、子どもの理解を深めています。

そのようにしていれば、子どもに無理を強いることが少なくなると思いますし、子どもたちが抱えがちな不安感を取り除くことができます。

「あいづち力」を育む

子どもはどのようなときにストレスや不安感を覚えるのでしょうか。いろいろ考えられると思いますが、私の考える一番の原因は、教師やクラスメイトからの否定的・非難的・嘲笑的な反応です。

教師との関係であれば、たとえば次のようなやりとりです。

Aさん「先生、次はなにをすればいいんですか？」

教師「さっき伝えましたよ。あなたはなぜ、いつもそうなのですか？」

＊平静を装おうとしていても、内心のイライラは子どもに伝わります。

奔放な子であれば気にせず、聞き返してくれるかもしれません。そうできない子は表情が固まって沈黙し、そのあと小さな声で「ごめんなさい」とつぶやくでしょう。その様子を目にした周囲の子どもたちもびくっとして、ストレスや不安感が教室内にさっと広がります（失敗に対する教師の「なぜ？」は、往々にして子どもを萎縮させます）。

クラスメイトとの関係であれば、たとえば次のようなやりとりです。

Aさん「えと、その式の答えは23だと思います。なぜかというと…」

＊まだ言い終わっていません。

Bさん「違いまーす！」

＊盛大な笑い声が教室中に響き渡ります。
Cさん「さっきやった計算と同じじゃん」
＊追い打ちをかける子どもまで現れます。

もしこのようなことがあれば、Aさんは恥ずかしさのあまり気持ちが折れ、みんなの前で発言しようとは思えなくなってしまうでしょう。学ぼうとする意欲も削がれるでしょうし、クラスメイトのみならず、教師に対しても不信感を募らせてしまうかもしれません。

こうしたことが起きないようにする手立てはいくつもあると思いますが、私が行っているのが、子どもたちの「あいづち力」の育成です。

方法はいたってシンプル。

子どもたち同士の「よいかかわり」を積極的にほめ、モデルケースとして真似することを推奨し、少しずつ学級全体に広げるという方法です（逆に「悪いかかわり」をやめさせたり、叱ったりすることはもちろんありますが、比重は「よいかかわり」のほうに子どもたちの注目が集まるようにします）。そのために行っていることの一つに、言葉の言い換えがあります。

たとえば、先ほどの例のように（嘲笑が入り交じった）「違いまーす！」という発言があったら「Aさんの発言が本当に違うかはまだわからないから、『別の考えがあります』にしてみたらどう?」と促します。

ほかにも、「Aさんの考えと、自分の考えのどこが違うのかをみんなに説明してみたらどうかな?」と促します。

すると、「途中までは同じだったんだよなぁ。あっ！　Aさんは、ここの引き算で…」などと、Aさんがどこで間違えたのかを分析しはじめる子が出てきます。このようなやりとりであれば、「そこまではよかったんだ！　あと少しだったね！」と励ましてくれる子も現れます。

ここで大切にしたいのは、子どもの発言に含まれる否定的・非難的・嘲笑的なニュアンスを取り除くことです。けっして子どもの特定の発言を自重させることではありません（そうしてしまえば「違いまーす！」と言っていた子も、いずれ発言しなくなります）。

こうした（安易に叱るのではない）合いの手を入れながら、ポジティブな反応になるように促し、実際にそうした反応が見られたら積極的にほめつづけるのです。そうしているうちに、ネガティブな反応ばかりしていた子どもも、次のようなあたたかい声をかけられるようになっていきます。

「おお〜なるほど！」

「それもいいかも！」

「大丈夫だよ」
「がんばれ〜！」
「気にしないで！」
「おしい！」

併せて、「だれかから声をかけられたら反応しよう」と働きかけます。「耳で聞いているだけだと伝わらないけれど、目を合わせ、声に出して返事をすれば、『私はあなたの言うことをちゃんと聞いているよ。あなたのことを無視しないで、大切に想っているよ』という気持ちが相手に伝わるんだよ」と。

たとえば、日直さんが授業開始時に「姿勢を正してください」と声かけをした際にも、日直さんのほうを見て「はい」としっかり返事をする習慣化です。どの学級でも行っていることだと思いますが、私はとくに意識的に行っています。(周囲の先生方が許してくれるのであれば)「おぉ！」でも「イエーイ！」でもいいくらいです。ポジティブに反応できることを重視しているからです。

あいさつだけではありません。休み時間などに教師やクラスメイトから声をかけられたときなども同様です。しっかり声を出して反応するように促しています。

こんなふうにしているとやがて習慣化し、相手を突き放したり無視したりするような冷たいかかわりが少なくなっていき、小さなトラブルを回避することにもつながります(声に出して反応していなければ、自分ではそのつもりはなくても、相手から無視されたと思われて揉めることもありますよね)。

「先生がいなくて大丈夫な学級」にする

2学期は、校内研究の授業発表や出張などで学級を空けることが増えてきます。そのようなときに困ってしまったのが、普段では見られない行動をしてしまう子どもたちの存在でした。

以前、補填の先生から「授業中に離席したり、乱暴な言葉を使いはじめたり、私の言うことは無視したりする子がいて大変だったんですよ」と報告を受けたことがあります。担任である私がいなくなった途端にそうなってしまったのか…と私は反省しきりでした。

そこで、「先生がいないときこそ、いつものようにがんばれる1年生に成長してほしいな」と繰り返し伝えることにしました。それを月間目標に設定すると、「今日はがんばったよ」と伝えに来る子どもが現れはじめ、次第に改善されていきました。

私が出張で学級を空けた翌日、「補填の先生が、みんながんばっていたって言っていたよ」と子どもたちに伝えると、照れくさそうにしつつもみな喜んでいました。

このように、教師の思いや願いがあってこそ子どもの心に届く指導になるわけですが、それだけで子どもの行動が変わるわけではありません。ここに具体の手立ての必要性があります。その一つとして挙げたいのが、さまざまな場面を想定してシミュレーションしておくことです。

たとえば、児童指導などの急な対応で、授業開始時間になっても教室に戻ってこられないことがあります。このような場面で、「どのように過ごしていればよいか」を子どもに投げかけ、一緒に考えておく（シミュレーションしておく）ということです。

一緒に考える際には、次の条件を伝えます。

●クラスメイトに迷惑をかけない。
●学習に結びつく過ごし方を考える。

すると、子どもなりに考えて「絵本を読んでいる」「係の仕事をする」「漢字や算数ドリルを進める」などと意見を出してくれます。

このとき、みんなで決めた同じ一つのことを一斉に行うといった固い形にはしません。

（右に挙げた条件に叶ったことであれば）「その子が決めた方法で過ごせばよい」ことにします（考え方としては、第2章で紹介した「シエスタ・タイム」と同じです）。そうすれば、急に騒ぎ出したりすることなく、思い思いに過ごしてくれるようになります。

加えてもう一つ、重視していることがあります。それは、「相手によって言動を変えたり、教師に見られているときだけがんばったりするのは格好悪いことだ」という価値観をもってもらうようにすることです。

「まじめにがんばることが評価される学級」にする

1年生であっても、（成育環境などの影響を強く受けて）クラスメイトの成功やがんばりを認められず、茶化したりばかにしてしまったりする子がいます。けっして多くはないと思いますが、放っておくと、こうした子の言動に引っ張られて真似しはじめてしまう子どもが現れます。そのような状況では、「学びに夢中になれる学習集団」にはなり得ません。

そうならないためにも、子どもたちのだれもが当たり前のように、次に挙げるような受け止めができるようになる工夫が必要です。

●粘り強くまじめにコツコツ取り組めることはいいことだ。
●できないことをできるようにするためにがんばることはすばらしいことだ。

そう考える私は、子どものがんばりがどのような成果につながっているのかを言語化することに取り組んでいます。

たとえば次に挙げるように、がんばるべきポイントと、それによってどのように自分が成長できるのかというメリットを学級全体に伝わるようにほめて価値づけます。

「ひらがながどんどんバランスよく書けるようになっているね！　それは、Aさんが四つのお部屋を意識して練習しているからですよ」

「算数ブロックを使って計算するのが上手になってきたね！　それは、Bさんがしっかり声を出しながら練習しているからですよ」

「テストの点数がどんどん上がってきたね！　それは、Cさんが漢字練習をがんばっているからですよ」

すると、なんとなく字の練習をしていた子や、声を出すことをしていない周囲の子も、ほめられた子のがんばりの価値に気づいて真似しようとします。

「粘り強くまじめにコツコツと取り組むことはいいことだ」「自分もわかる（できる）ようになりたいからがんばる」といった気持ちや行動が、教師やクラスメイトから正当に評価されてこそ、みんなが同じ目的に向かって共に学んでいけるようになるのだと思います。

失敗がこわくなくなる環境をつくる

個人差はありますが、子どもたちは（大人以上に）人前で失敗することをおそれます。その感覚はとても鋭敏です。教師やクラスメイトの言動次第で、自分が窮地に追い込まれるかもしれないと思っているからです。

子どもの多くは心のうちで、〝こんなことして、怒られないかな〟〝ヘンな人だと思われないかな〟〝仲間はずれにされないかな〟〝恥ずかしい思いをしたらどうしよう〟〝ばかにされるのがこわい〟と考えています。

こうした子どもたちのおそれは、臆病さによるものではないと思います。自分を必死で守ろうとする気持ちからうまれるものだと考える私は、「間違えを言ってもヘンな人だと思われない、仲間はずれにもされない、失敗しても恥ずかしい思いをしない状況をつくればいいんじゃないか」と考え、次の二つの工夫をしています。

1　失敗に注目されない工夫
2　みんながたくさん失敗することで1回あたりのダメージを減らす工夫

1　失敗が注目されない工夫

授業中であれば、子どもは次のような場面で「自分は失敗した」「あの子が失敗した」と感じます。

授業中に指名されて発言したのだけれど答えを間違えてしまった、みんなの前で発表しなければならないときに自分がなにを話すかをわすれて黙り込んでしまった、など。

私は、このような場面に、子どもがそもそも遭遇しないように努めています。

たとえば、新年度がはじまって間もないころ（学級にまだ心理的安全性が保障されていないうち）は、間違った発言によって傷つく可能性がある子どもへの指名を意識的に避けます。また、できる限り学級の全員がみんなの前で発表する活動を行いません。

このように言うと、「それではいつまで経っても子どもは失敗をおそれつづけるし、特定の子どもしか発言しない授業になりませんか？」などと聞かれることがありますが、けっしてそんなことはないと思います。

なぜなら子どもは、(自分自身がいいと思うことはもちろんですが)教師を含めクラスメイトが「これはいいことだよね」と了解し合える状況を目のあたりにすると、その所作から学び、真似ることを通して自分でもできるようになろうとするからです。

加えて、子どもたちのさまざまな言動が周囲から肯定的に受け止められることが日常になると、失敗を失敗だとみなさないようにもなります(毎日のように目にする当たり前の光景になります)。つまり、失敗が注目されるかどうかは教師やクラスメイトとの関係性次第なのです。

＊

学級のなかで人間関係が築けていない状況での失敗は、その子に大きなダメージを与えます。さらにそうした失敗が立てつづいてしまうと、〝あの子は失敗ばかりする子なんだ〟といったイメージが定着してしまうでしょう。

こうしたネガティブなイメージは、その子にずっとついてまわります。あとからそのイメージを払拭するのは並大抵のことではありません。もし、格下扱いされるようなクラスカーストが形成されてしまえば、その子は日常的に不当な扱いを受けてしまうことになります。そのためなんとしても、ネガティブなイメージが生まれないようにすることが必要なのです。

2 みんながたくさん失敗することで1回あたりのダメージを減らす工夫

「はなのみち」という教材（国語）には、かわいらしい小鳥が描かれています。私は子どもたちに「どんな生き物がいますか？」と問います。

ある子が「茶色い小鳥がいます」と答えたとします。

そうしたら、「茶色の小鳥、いますねぇ。この模様は、スズメという鳥ですね。さぁ、どこにいるかな？　見つけて指さしてみよう。せーのっ、ピッ！」と声をかけます。すると、子どもたちの多くは一斉に手もとのページのどこかを指さそうとします。

なかには、自分の答えが合っているかが気になって、近くの席の子の指先に視線を移す子がいます。どこを指さしていいかわからない子は、近くの子の指さしたところを真似ようとします。教師のかけ声が耳に入っていなかった子は、周囲の子どもの動きに気づいて自分もそうしようとします。

ほかにも、指示を聞き落としやすい子や小鳥を探そうとしない子もいますが、こうしたちょっとした活動を繰り返すうちに、やがて教師の言葉に耳を澄ませて参加するようになります。

このような活動であれば、近くの席の子の様子を見ながら自分の答えを修正できるので、ほとんどの子どもが正しい答えを出せます。かりに間違っていてもクラスメイトから非難されることはありません。どの子も自分が指さすことに夢中だからです。このように失敗など気にしないで済む参加型の活動です。

それと並行して、むずかしいクイズやひっかけ問題を出して、どの子どもも間違える活動も取り入れます。

ここでは、国語の教材を例にしていますが、題材はなんだってかまいません。子どもたちがみな正解できる、かりに間違ってもクラスメイトから非難されない、あるいはどの子も間違える活動をゲーム形式で行うことです。

日常的に繰り返し行うことで、「自分の間違いなんか痛くもかゆくもないぞ」と子どもが思えるようになります。加えて、自分の失敗だけでなく、クラスメイトの失敗に対しても気にしなくなるようになります。

また、自分の失敗やだれかの失敗が気にならなくなるにつれて、自然とクラスメイトを手助けようとするかかわりが生まれてきます。

たとえば、次のようなかかわりです。

●たとえば国語科の音読の場面で戸惑っている子がいると「読むところ、わかる？」と声をかけてくれるクラスメイトがいる。
●たとえば体育科のマットを使った運動遊びなどの場面で「おなかを伸ばさないで丸めたままにすると、後転できるようになるよ」とアドバイスをしてくれるクラスメイトがいる。「あと少し！　がんばれ！」といった声もあがる　など。

なにか困ったことがあるたびに手を差し伸べてくれるクラスメイトがいることで、さらにいっそう子どもたちの安心感は増していくので、自分がなにかわからないことがあってもこわがらず、自分から「教えて」と聞けるようになります。

偏った見方から不適切な発言をしてしまう子どもに対応する
―揺るぎない人権意識を育てる

2学期になるころには、自分らしさを発揮しはじめる子が現れます。奔放であることは好ましいのですが、思ったことをすぐに口に出すことの多い1年生です。子どもたちのちょっとした（本人としては無自覚な）発言に、クラスメイトの気持ちや人権を軽視するようなことが含まれることがあります。

その典型例が、「○○なんておかしい！」といった発言です。このような発言が聞かれたら注意深くその子の様子を観察します。そして、偏った思い込みによるものだと判断されたら、「○○だと、だれかが困ったり、迷惑をかけたりするのかな？」と問い返し、その子自身に考えさせる時間を取ります。するとたいていの場合「そうじゃないかも…」と気づいてくれます（実際に同様のことがありました）。

その一方で、その場では納得してくれないこともあります。たとえば自分の主張が、その子の両親が日常的に口にしていることの受け売りだった場合です。自分が最も信頼している人の考えなので（ここで納得してしまえば、両親を否定することになるなどと感じて）、引くに引けなくなってしまうのだと思います。

さまざまなケースが考えられると思いますが、「だれかからなにか嫌なことをされたら、やりかえしていい」という考え方などは、その代表例だといえるかもしれません。

以前、（保護者のほうはそんなつもりでわが子に言ったわけではないのでしょうけど）「お父さんに、やられたらやり返せって言われているから、Aくんを蹴りました！」と堂々と宣言した子がいました。

こんなとき、「それは違うんじゃないかな」とか、「言い過ぎだと思うよ」などと指導してしまうと逆効果です。その子は〝お父さん（またはお母さん）を否定された〟と受け止め、その後の指導が入らなくなったり、教師に心を閉ざしてしまったりすることがあるからです。

こうしたときはまず、「そうなんだね。お父さんに教えてもらったから、あなたもそうしたんだね」といったん受け止めたうえで対話します。

一例を挙げると、たとえ話をもちかけて考えを促す対話です。

教師「そうすると、たとえば歩いていたBさんの足がたまたまお友達にぶつかってしまったら、そのお友達はBさんの足を蹴ってやり返そうねってことかな？」

子ども「えっ、それはわざとじゃないから違うよ」

教師「でも、お友達はBさんにやられて痛い思いをしたんだから、やり返して痛い思いをさせないといけないことになっちゃうんじゃないかな」

子ども「ううん。そんなことない…」

教師「そうじゃなかったの？」

子ども「だって、それだったら、みんないっぱい痛くなっていやになっちゃう」

このようにたとえ話をもちだすことで、いったん自分の身に起きたことや自分がしたことと自分の感情を切り離し、第三者の立場から考えをもてるように対話します。すると、〝お父さんが言っていたのは、そういうことではなかったのかな〟と感じるのか、自分の主張を取り下げてくれます。

「自分の仕事」に前向きに、たのしく取り組む
―子どもたちの主体性を育む実行委員の活動

前任校では、「実行委員」があり、各学期や行事等に合わせて活動を行っていました。1年生も、2学期になると実行委員のおしごとを担うことになります（2年生以降は、1学期から取り組みます）。

1年生には、こんなおしごとが任されます。

【学年集会実行委員】 集会の内容を決めたり、進行役を担ったりする。
【学年レクリエーション実行委員】 学年レクリエーションを計画・運営する。
【遠足実行委員】 遠足のめあて掲示をつくったり、出発式・到着式・バスの運転手さんへのあ

いさつをする。

【運動会実行委員】 めあてを考えたり、表現の練習の見本になったり、振りつけの一部を考えたりする。

【壁画実行委員】 6年生を送る会で飾る壁画のデザインを考えたり、中心になって制作したりする。

【6年生を送る会 実行委員】 6年生を送る会で、学年の出し物を考えたり、メッセージのセリフを担当したりする。

【ようこそ1年生 実行委員】 幼保小連携事業で、企画や当日の進行にかかわる。

1年生に任せるものとしては、いずれも大役ですよね。

教員が1名(場合によっては2名)つき、行事や活動のめあてを伝えたりサポートしたりしながら、休み時間に子どもたちと集まって活動します。

1年生にはわからないことだらけなので、はじめのうちはセリフを入れた台本をつくってあげたり、活動がうまくいくように助言しながらさりげなくフォローしたりします。

学年が上がってくると慣れたもので、実行委員の経験がある子が、着任したばかりの先生に「この行事はこうやって準備するんです。リハーサルは…」などと説明してくれる姿も見かけるようになります。
ここでは「学年集会実行委員」を例にして、1年生の活動の様子を紹介します。

(1) 活動初回は顔合わせをする。
(2) 1学期に先生たちが行っていた学年集会ではどのようなことを行っていたかを振り返る。
(3) 最初は1学期と同じ流れで実施する。
(4) 慣れてきたら、ねらいをもとに集会の内容を計画する。
(5) 役割を分担して練習する。
(6) 月曜の朝が本番。
(7) 実際に行ってみて気づいたことを出し合いながら、次の集会の内容を計画する。
※以下、繰り返し。

(1) 活動初回は顔合わせをする

学年掲示板や担任の先生から、集まりのお知らせがあります。実行委員のしおり（スケジュールや役割分担などが書き込めるもの）を用意して渡すこともあります。

活動教室に集まったら、円になって順番に自己紹介をします。最後に担当する教師も自己紹介をして、実行委員の仕事を簡単に説明します。集まりのときには筆記用具をもってくることを確認し、あいさつをして終わりにします。

⑵ 1学期に先生たちが行っていた学年集会ではどのようなことを行っていたかを振り返る

2回目の活動では、これまでの学年集会を振り返ります。どんな活動をしてきたかを話し合いながら、そのときの先生たちの動きについても思い出しておきます。

⑶ 最初は1学期と同じ流れで実施する

1学期の学年集会と同じ流れで分担し、司会に挑戦してみます。緊張するので、2～3人の実行委員＋先生で、声を合わせて台本を読みながら進めます。各コーナーの内容については、先生たちが引き続き担当します。

⑷ 慣れてきたら、ねらいをもとに集会の内容を計画する

司会に慣れてきたら、次のステージへのステップアップをねらいます。

「他の学級の子とも仲よく遊べるように、じゃんけん列車をしたい」

「月曜日の朝からよく頭が働くように、なぞなぞ大会をしたい」

「最近名札をつけ忘れている人が多いから、名札チェックをしようよ」

このように、ねらいとともに活動案を出す練習をしていきます。出された意見について話し合い、どれを次の集会で実施するかを選びます。併せて、時間配分を考えながら、少しずつ実行委員が運営するコーナーを増やしていけるようにします。

(5) 役割を分担して練習する

活動内容が決まったら、役割を分担します。司会、遊び方の説明、挙手した人のなかから指名する役など、そのときどきの内容に合わせて人数配分をして決めていきます。

役割が決まったら、立ち位置などを簡単に確認したり、台本を読んでリハーサルしたりしながら当日の流れをイメージする練習をします。役割や人数配分など、1年生の子どもがイメージしにくいことについては、担当する教師が「右側と左側に一人ずつ立てばいいのだとすると、何人必要かな？」などとサポートしながら話し合えるようにします。

(6) 月曜の朝が本番

いよいよ本番です。

安心感をもてるように、担当する教師がセリフを重ねて言ったり、近くに立ったりして、子どもたちをフォローします。はじめて行う遊び（活動）のときなどは、子どもたちが興奮したり混乱したりすることもあるので、担当外の教師も必要に応じてサポートに入れるようにしておきます。

最初のうちは、「うまくできた」という成功体験を得られるようにすることを重視し、教師が手厚くサポートします。子どもが慣れてきたら、台本を書かせてみるなど子どもがチャレンジできる機会を設けます。

子どもたちが話し合う様子を見ていて内心、〝そのコーナーは盛り上がらないだろうな〟とか、〝テンポが悪いから途中で飽きてざわざわするだろうな〟と思うことが多々あります。しかし、「それだとちょっと…」と口を挟んで変更させるようなことはしません。

もちろん、子どもが負い目を感じたりくじけたりすることのないよう、バランスを見ながらフォローしたり、本番後に「どんなことがよかったか」「もう少し工夫したほうがよいことはなにか」をフィードバックしてあげたりすることは必要です。

しかし、そうしたかかわりも最低限にする必要があります。自分たちの考えたことがうまくいかないことも、子どもたちにとって大切な学びだからです。

もし、教師が不必要に口を挟めば、子どもたちがあれこれと試行錯誤したり、うまくいかなかったときに「どうやったら今度はうまくいくか」について考えるチャンスを奪ってしまうでしょう。

このように担当する教師に求められるのは、子どもたちをサポートするバランス感覚です。

(7) 実際に行ってみて気づいたことを出し合いながら、次の集会の内容を計画する

本番が終わったら、自分たちで企画した内容のコーナーがどうだったか、振り返りを行うようにします。

はじめのうちは、「たのしかった」「緊張した」「話しているのに静かに聞いてくれなかった！」などの感想に終始します。そこで、「コーナーに参加してくれたみんなはたのしそうだったかな？」とか「なぞなぞのむずかしさはどうだったかな？」などと質問しながら、自分たちの活動に対して具体的に振り返られるようにサポートします。そうするうちに、1年生であっても、次のように改善策を出せるようになっていきます。

「手を挙げるのだと、一人しか答えられないから、1番だと思う人！　2番だと思う人？って聞いて、みんなが答えられるようにしようよ」

「じゃんけんをしないで逃げ回って、ずるしている人がいたから、じゃんけん列車はどうすればいいかな」

「人数が多くてもルールは守れるよ。じゃんけんの相手を見つける時間を長くして、ちゃんとみんながじゃんけんしているか見て話をしよう」

「行事」に前向きに、たのしく取り組む
――はじめての運動会への臨み方

大きな行事といえば、遠足や運動会があります。なかでも運動会は、本番まで3～4週間かけて練習することもあります。

小学校に入学する前にも、幼稚園などで経験したことがある子どももたくさんいますが、活動するねらいも異なりますし、なにより規模が大きくなるので、はじめての運動会を迎えるにあたって指導しておきたいことがあります。

ここでは、学年合同で行った「表現」活動を例にしながら紹介します。

(1)　行事のねらいから、自分たちの目標をもたせる

「運動会では、4月から学級や体育の学習などで身につけた力をいろいろな人に見てもらう場だよ」と伝えます。

子どものほうも〝これまで経験してきた運動会とは違う〟となんとなく感じるのか、教師が真剣な表情で伝えると、どの子も背筋を伸ばして真剣に話を聞いてくれます。

(2)　「表現」の初回練習では、コンセプトをしっかり伝える

資料3　振り入れの様子

ある年の初回練習では、使用する曲を視聴した後で「どんな感じの曲だったと思う？」と問いかけると、「元気でかわいい感じ！」という反応があったので、「みんなにはこの曲を使ったダンスで、横山小学校で一番元気でかわいく踊ってほしいと思います！」と伝えました。すると、少し照れくさそうにしたり、気合いの入った表情を浮かべたりしていました。

(3)　当日の様子をイメージしながら練習する

振り入れは声がよく聞こえる体育館で行います（**資料3**）。ひととおり教えてゴールイメージを共有しながら練習したら、今度は校庭に出て隊形移動を含めた練習に移行します。

「このあたりにおうちの方々が立って見ているよ！　退場のときはこちらに向けて、笑顔で手を振ろう！　むこうには横ニコペアの6年生がいるよ。元気な姿を見せてあげよう！」など、運動会当日の様子が思い浮かぶように声をかけながら練習します。

(4)「表現」は、休み時間も練習できる環境をつくる

振りつけの動画を撮っておき、休み時間にも各学級で練習できるようにします。自分のタブレットで視聴できるだけでなく、大型テレビなどにも出力してみんなで視聴することもできるので、活動がより子どもたちの身近になり、モチベーションも高まっていきます。

(5) よいところやがんばりをたくさんほめて「見せたい」気持ちを高める

普段の体育の授業でもそうですが、学年合同での活動でもあることから、いつも以上にたくさんの声をかけるように心がけます。


「腕がピンと伸びていてかっこいい！」

「笑顔が最高にすてき！」

「ジャンプのリズムが揃っていてすばらしい！」

「ポーズがきまっているね！」

「休憩中とは思えないくらいまっすぐ列にならべているね！」

このようにたくさんほめて回ります。

人前で踊るのは恥ずかしい、と思っている子も多いので、一緒になって大きな動きで踊ったり、左右の間違えやすいところで声かけをしたりしながら、自分の動きに自信がもてるようにサポートします。

運動会本番が近づいてくると、当日に家族や横ニコ（縦割り活動）ペアに見せることをとてもたのしみにしていて、話しかけてくる子がたくさんいました。なにより、自信をもって踊っている姿は、本番のキラキラとした表情に表れていたように感じます。

学級内での序列化（スクールカースト化）を防ぐ

1年生であっても、2学期になって学校生活に慣れてくるうちに、子どもたち同士で序列ができはじめます。本来対等であるはずなのに、なんとなく上下関係が生じてしまうのです。

授業中にたくさん発言できたり、運動が得意だったり、容姿だったり、振る舞いだったり、いろいろな理由で、〝あの子は自分よりも上、あの子は自分よりも下〟と優劣をつけはじめ、自分より下だと感じるクラスメイトを見下すような態度を取りはじめてしまうのです。

どの子にも固有の能力がありますが、小学校という社会で優位に働く能力もあれば、目立たない能力もあります。子どもが優れていると感じるのは前者で、後者については気がつきません。そのため、偏った見方から優劣を決めてしまうのだと思います。

これは、集団生活特有の課題かもしれませんし、発達段階によるところもあり、（ある意味では）自然なことなのかもしれませんが、放っておくわけにはいきません。その芽が悪い方向に伸びていかないよう、しっかり対応する必要があります。

具体的には、「全員が同じように1つだけの命をもっている大切な存在であること」「だれもがどの家族にとっても一番の宝物であること」を、学級活動や道徳科の授業などで、折に触れて何度も何度も確認しながら、子どもたちの認識を高めていきます。

学級には、（残念ながら）普段から家庭であまり肯定的な言葉をかけてもらえない子もいます。そうした子も、「私（担任）にとって大切な存在であること」「一人ひとりの大切さに違いはなく、だれがえらくて、だれがえらくないなどということはないこと」を、折に触れて言葉と態度で伝えます。

このように、「どの子にもよいところがあり、がんばろうと努力する姿こそがすばらしいものだ」と実感できた子どもたちは、自然とがんばる仲間に対して励ましの言葉をかけられるようになっていきます。

加えて、他者との違いをポジティブに受け止められるようにするために、生活科や特別活動の場で、いろいろな役割を順番に受けもてるようにしたり、チームをつくって作業を分担したりする活動を積極的に取り入れるようにします（生活科の秋祭りや、幼稚園や保育所の園児との交流活動なども重要な舞台です）。

こうした活動に取り組むことを通して、「自分はなにが得意なのか」「クラスメイトはなにが得意なのか」に気づけるようになり、「だれに任せるとうまくいくのか」「自分一人ではなく、みんなと分担すると早く終わるし、なによりたのしい」という考えをもてるようになります。

このように子どもの人権意識を高めたり、自分と他者のよさや価値に目を向けられるようになると、自然と序列化が起きにくくなります。

第4章
自分軸をもたせる3学期

1年生は、たとえ言語表現力は乏しくても、さまざまなことを感じ取りながら生活しています。いつも元気いっぱいで悩みなどないかのような子どももいる一方で、自分の苦手なこととの向き合い方に悩んでいる子、周りの子たちと比べて劣っているように感じて自分に自信をもてない子などもいます。

この時期、私がむずかしいと感じるのは、子ども一人ひとりが抱えるストレス源はなにかを見極めることです。とはいえ、子どもたち自身も自覚してないことが多いので、かかわりを増やしたからといって容易にわかるものでもありません。

そのように考える私が重視していることは、（どのようなストレスを抱えているにせよ）どの子も「自分はこの1年間で成長したぞ」「2年生になるのがたのしみだ」「2年生になってもがんばるぞ」と思えるようにすることです。

この時期には、幼保小連携のイベントで未就学児と交流したり、この1年近くを振り返ったりする学習などを通して、2年生への進級を意識する子どもが増えてきます。そこで、1年生の終わり、2年生へのひとり立ちをすがすがしい気持ちで迎えられるように、「学級担任としてもうひとがんばりできること」を考えていきます。

「3学期に目指すこと」と「3学期の指導で心がけるポイント」は次のとおりです。

〈3学期に目指すこと〉
●自分で判断する力をつけられるようにする。
●自分の学びをたのしめるようにする。
●「やってみたい」を実現できる学級にする。
●学級をつくるのは自分たちだと自覚できるようにする。
●子ども同士のかかわりをより豊かにする。
●自分のたのしみを自分で見つけて熱中できる子にする。

〈3学期の指導で心がけるポイント〉
●教師は存在感をさらに薄くし、子どもの思いや願いの実現をサポートする。
●よい行動や経験の価値に気づかせるしかけをつくる。
●進級とクラス替えに際しての心構えを伝える。

自分で判断する力をつけられるようにする

3学期ともなると学校生活にも慣れ、子どもたちは「どこまでなら許されるのか」を意識しながら、次に挙げるように日々をたのしく過ごそうとするようになります。

●自分がどうやって休憩したいかを考えながら休み時間の過ごし方を決められるようになってくる。
●していいこと、いけないことのボーダーラインを探るようになる。
●教わったことを教わったとおりにするだけでなく、自分のアイデアを取り入れて発展させようとする。

ただし、こうした行動を自ら行えるようになるためには、自己肯定感をもてていることが欠かせません。自分を肯定的に受け入れられる心ができているからこそ、不必要に我慢したり周りの目を気にしたりする必要がなく、安心感をもって自分の行動を選択できるようになるのです。

入学して間もないころはクラスメイトに対して関心を向けようとしなかった1年生も、3学期になるころには、周りの子たちに興味をもつようになってきます。このタイミングで育てたいのが「価値に気づく力」です。この力を育てるにも、「ほめて、はげますかかわり」をたくさん体験できるようにすることが大切です。

そこで取り入れていることのひとつが、「ほめ言葉のシャワー」です。これは帰りの会にコーナーを設け、シャワーを浴びせるように、日直を担当していた子にほめ言葉を贈る取組です。

挙手制にすると決まった子しか発表しなくなるので、座席位置で「今日はここからここまでの人」と指定します。なかには戸惑う子もいますが、なにかしら考えて、次のようなほめ言葉を贈ってくれます。

「日直の声が大きくて聞こえやすかったです」

「すばやく行動していました」

こうした定型文っぽいほめ方のほかにも、次のようにお互いのかかわりからうまれたエピソードを紹介してくれる子もいます。

「ケガをしたときに保健室へ連れて行ってくれました」

「昼休みに、サッカーが上手でした」

私たち教師は日々、子どもたちを手助けしたいと思っていますが、そうできないことは多々あります。学級のなかでなにかトラブルが起きたときにも、その場にいてあげられないこともあります。このようなとき、自分たちの力でなんとかしてくれるはずだと、子どもたちの判断力を信じ、委ねられるようにすることが大切です。

こうした判断力や姿勢を育てるために大切なのは、担任が黒子に徹することだと思います。これは、学級の一員としてのグッドモデルのように集団に紛れ込むようなイメージです。

そもそも、子どもたちは「先生というのは私たちになにか教えたり、することを指示してきたりする人だ」と思っていますから（事実、そうなのですが）、そうした先生モードが前面に出すぎると黒子になることができません。そこでたとえば、わざと子どもっぽい口調で声かけやあいさつをしてみたり、「あらゴミが落ちているわ」などと独り言をつぶやくようにゴミを拾って捨ててみたりすることで、教師としての存在感をやや薄くしながら、子どもたちに馴染ませるイメージをもって振る舞うのです。

ほかにも休み時間などに、（子どもの目線などを見ながら）心のなかの声をナレーションするイメージで次のように声に出してみます。

「あっ、ぞうきんかけのぞうきんが1枚ずり落ちかけているな〜」

↓直そうとする子が現れる。

「最近、学級のみんなで遊べていないないな〜」

↓議題ボックスにクラスレクを提案しようとする子が現れる。

「あれ、もうすぐ2時間目がはじまるけど黒板当番さんの仕事が終わっていないないなぁ。教室にいないから、お手洗いにでも行っているのかも。どうしようかな〜」

↓当番でない子が黒板の字を消しはじめる。

このナレーションは、子どもたちの無意識に近い「見て見ぬふり」を意識できるようにする（行動する建前を与える）ことがねらいです。たとえ、自分が動かなかったとしても、行動を起こしたクラスメイトの様子を見て、〝こういうときは、○○したほうがいいんだな〞〝今度は自分がやってみよう〞という気持ちをもたせることにもつながります。

＊

人生を生きていくうえで大きな壁に阻まれたとき、だれかの手を借りることができたとしても、本人が強い意志をもち具体的な行動を起こせなければ乗り越えることはできません。

3学期ともなれば、1年生であってもできることは子どもたちに任せ、たとえ失敗しても、その失敗から学べるようにするかかわりや活動を少しでも増やして、子どもに力をつけていってもらいたいと思います。そうすることで、他人に依存して執着したり、承認欲求を拗らせたりして時間を浪費することなく、自ら精神の安定を図り、自分や周りにいる人たちとも協力し合いながら課題解決できるようになっていきます。

自分の学びをたのしめるようにする

自主学習も、1年生から取り組むことができます。学びたいことや、いま学ぶ必要があると自分が考えたことを自由に選び、取り組むという学び方を身につける絶好の機会ともなります。

ただし、「自由であること」は、子どもによっては望ましいこととは限りません。戸惑ってしまう子もいます。

たとえば、何人かの友達と遊ぶときにもいつも主導権を握れる子は、「自由であること」を好みます。自分のしたいと思うことをたのしむ経験を積んできたからです。そうした子とは対照的に、いつもだれかの指示に従い、後をついていくように遊んできた子にとって「自由であること」は、「どうしていいかわからないこと」になってしまうのです。

このように、双方の違いを生むのは、これまでの生活経験だったり、周りの人たちとのかかわり方だったりするわけですが、次のように自主学習に取り組むことで、戸惑う子どもも次第に「自由に自分で決めた学習を自ら進めていく」ことに対してポジティブになります。

●学年に合わせた自学メニューを配り、自学ノートの表紙裏に貼っていつでも見られるようにしておく。
●自学メニューに悩んだら先生が相談に乗る、ということを伝えておく。
●授業中に「これを自学の課題にしてもおもしろいね」と話題に出しておく。

このように、右に挙げたサポート体制を整えます。そのうえで、保護者会や学級通信で協力をお願いし、まずは保護者の方と一緒にメニューを選びながら、自主学習に取り組むスタートを切るのです。

「やってみたい」を実現できる活動をたくさん取り入れる

（どの学年でも大切なことですが、1年生にはとくに）子どもたちの「やってみたい」を実現できる活動をたくさん取り入れることが大切です。その方法のひとつとして取り上げたいのが学級会（学級の全員での話し合い活動）です。

学級会の練習開始時期は2学期ですが、子どもたちに本格的に任せるのは3学期から

資料

です。

私の学級では、次の活動を行っています。

- 前月の月目標の反省をしたり、そこから新しい目標を立てたりする。
- クラスレクの内容を話し合って決める。
- 学級の課題について話し合って解決を図る。

1年生であれば、話し合いを進行する「司会係」と、黒板やノートにメモする「記録係」がいれば十分でしょう（**資料**）。この二つの役割に挑戦したり、話し合いを充実する経験を積んだりすることを通してレベルアップを図っていきます（次第に企画力も身についています）。そうすることで、3年生以降で行う「議長団」をつくったときもスムーズに活動できるようになります。

学級会でイベントごとを企画する際のポイントは、「遊びたい！」という思いをベースに、「その遊びをすることで、学級のみんなにどんないいことがあるのかを提案しよう」と促すことです。「それがみんなの成長につながる学びになるんだよ」と。

このように目的意識をしっかりもたせて提案し合えるようにすれば、「そんなのつまんないよ」という発言が、「それって学級にどんないいことがあるの？」という問いや、「みんなでたのしめるようにしたいよね」といった発言に変わります。けっして、企画者の気持ちを踏みにじるような発言にはなりません。

ここでは、転校する子どものお別れ会をしたときのことを紹介します。

(1) Aさんの海外への転出が決まる。
(2) Bさんからお別れ会をしたいと提案されて学級会で話し合い、承認される。
(3) 学級会でお別れ会のめあてと内容を検討する。
(4) 転校する子どもが欠席の日に話し合い、プレゼントを用意することになる。
(5) お別れ会当日を迎える。

(1) Aさんの海外への転出が決まる

リーダーシップがあり、学級の中心的存在の一人だったAさんの転校が決まり、子どもたちはさみしそうな表情を浮かべていました。

(2) Bさんからお別れ会をしたいと提案されて学級会で話し合い、承認される

Bさんから「お別れ会をしたい」という提案があり、学級会で承認されてどんなお別れ会にするかを考えることになりました。

(3) 学級会でお別れ会のめあてと内容を検討する

お別れ会を開催するにあたって、みんなで考えて「Aさんとたのしい思い出をつくってお別れできるように、みんなで協力しよう」をめあてとしました。

お別れ会の内容については、子どもたちから出されたたくさんのアイディアのなかから「Aさんが選ぶのと、みんなで選ぶので決めよう」が採用されました。具体的な催しは次の3つとなります。

- ●お笑い係のコント
- ●みんなで一つの作品づくりをする
- ●外遊び

作品づくりについては、テーマを決めて子どもたち全員で絵を描く共同制作に決まります。その際、もうすぐ海外に引っ越すから小さいものにしようということが話題になっています。

(4) 転校する子どもが欠席の日に話し合い、プレゼントを用意することになる

Aさんがお休みの日に、「プレゼントを用意しよう」という話題になります。数年後には日本に帰ってくる予定だと聞いていたので、「みんなの顔と名前を忘れないように」と言って、紙に切り取った写真を貼り、名前を書いてパウチした下敷きみたいなものをつくり、メッセージカードを書くことになりました。

(5) お別れ会当日を迎える

お別れ会の提案者であるBさんが「はじめの言葉」を言った後、Aさんがみんなが知っている曲をヴァイオリンで演奏してくれました。ほとんどの子はヴァイオリンの生演奏を聴くのがはじめてで、その音色の美しさと自分たちが知っている曲に大喜び。

お笑い係のコントを見た後、用意していた画用紙を使って、Aさんと一緒にみんなで絵を描きました。学級の全員で一つの絵を描くのははじめてだったので、「思いどおりにいかないけどおもしろい！」「すてきな絵ができたよ！」とたのしみながら取り組むことができました。

最後は校庭に移動して、こおりおにです。

「Aさんを守るぞ！」と言いはじめる子がいたからか、捕まってしまったときにはAさんが責任を感じて泣いてしまうという一幕もありました。その様子を見たみんなは〝しまった！〟という顔をしていましたが励まし、無事笑顔で終わらせることができました。

最後に、教室でプレゼントを渡してAさんに話をしてもらいました。すると、「Aさんに向けてほめ言葉のシャワーをしたいな」という声が挙がったので、最後にみんなでAさんに向けてたくさんのほめ言葉を贈りました。

うまくいったところもうまくいかなかったところも、ひっくるめて子どもたちにとっては素敵な経験になった活動となったと思います。

それともう一つエピソードを紹介します。

1年生の修了式が目前に迫った3月下旬、日本語がまったくわからない編入生のBさんがやってきました。

まずはALTの先生に教わった英語とイラストを使って自己紹介をすることになったのですが、Bさんが速いペースでたくさんしゃべるので、なにを話しているのか子どもたちが理解できずにいました。

そこで、タブレットの翻訳機能を使うことにしたところ、途端に意思疎通ができるようになりました。Bさんがマイクに向かって話すと日本語に翻訳してくれますし、子どもたちが日本語で質問すると英語に翻訳して伝えてくれます。

その後も、子どもたちはこの機能を使ってBさんとコミュニケーションを図ったり、休み時間などにも身振り手振りで誘って一緒に遊んだりする姿が見られました。

後日、ある保護者から、「Bさんが転校してきたことで、うちの子が英語に興味をもち、『英会話教室に通いたい！』と言い出したんですよ」という話を聞き、私は驚きながらも感心しました。

＊

1年生の修了式の日、私は次のように子どもたちに話をしました。

今年たのしかったのは、たまたまだとか、先生やメンバーに恵まれていたからではありません。学級の一人ひとり、みんながかんばって一緒に成長してきたからです。次の学年でもみんなでがんばって、たのしく過ごせる学級にしてね、応援しているよ。

すると、「離れ離れになるのがいやだな、さみしいな」と言っていた子も、「2年生では何組になるかな〜。予想は4組！」などと笑顔で口にして元気に帰っていきました。

環境が変わっても、自分がいる場所をたのしくできるのは自分自身であり、必要なのは仲間との協働です。このよさは子どもたちがこの先、進級、進学、就職といった道を歩んでゆくうえでも揺るぎないものであり、人として必要な力だと思います。

だからこそ、1年生であっても、学級の仲間たちと協力しながら、たのしい学校生活を送ろうという気持ちをもてるようにすることが、学級担任の務めだと考えているのです。

終章

道徳科授業を通じて子どもたちに育みたいこと

1年生の難敵・道徳科授業づくり

「1年生の道徳科はむずかしい」「なにをしたらよいのかわからない」という声を聞くことがあります。理由はいろいろだと思いますが、およそ次の点が挙げられるのではないでしょうか。

- 道徳科は「話す、聞く、書く」活動が中心だが、1年生にはその力が不足している。
- 物語教材などは、内容理解に時間がかかる。
- そもそも生活経験が乏しいので考えられない、思いつかない。

一つ目は、能力の不足を理由に挙げているものです。

道徳科は、1年生の1学期からスタートしますが、このころの子どもたちは、1日に2字ずつひらがなを習っています。このような状況で子どもたちにワークシートを配り、「自分の考えを書きましょう」と促しても、そうできる子は一握りです。

書くことだけでなく、教師やクラスメイトの話を聞いて理解する力や、話し合う力もおぼつきません。こうしたことから、どのように1時間の学習を進めてよいかわからず、困ってしまうわけですね。

二つ目は、教材の特徴を理由に挙げているものです。

道徳科では、1時間に一つの教材文を扱いながら学習します（1年生の4、5月などは、そうでない教材もあります）。

1年生の教科書であっても、短めではあるものの物語教材がたくさん載っています。登場人物は、主にかわいらしい動物たちですが、それまで絵本の読み聞かせや自分で読む経験をあまりしてこなかった子どもにとっては、「考え、議論する」以前に、教材の内容を理解することがむずかしいというのもわかります。

三つ目は、生活経験の不足を理由に挙げているものです。

小学校に入学する以前、幼稚園に通っていた子どももいれば、保育所やこども園に通っていた子どももいます。それぞれ経験してきたことがさまざまなだけでなく、人生経験も6年です。こうしたことから、教師が発言を促しても子どもがそれに答えられないだろうということだと思います。

右に挙げたことは、たしかに1年生の特徴を言い表すものに違いありませんが、1年生には道徳科の学習を行うことができないかといえば、そんなことはありません。

私が主に行っていることは次に挙げる三つの手立てです。

1 自分が思ったことを無理なく表現できる方法を用意する。
2 教材の内容を理解する時間をしっかり取り、確認してから本題に入る。
3 役割演技をしたり鑑賞したりするなど体験型の学習にする。

一つひとつ紹介していきましょう。

1 自分が思ったことを無理なく表現できる方法を用意する

まず、子どもたちが「むずかしい」「つらい」「たいへんだ」と感じる場面をつくらないことです。

たとえば字を書くのがおぼつかない子どもに「考えたことを書きなさい」と促してもむずかしいでしょう。苦手意識をもたせてしまうだけです。

そこで私は、次の活動を取り入れています。

●挿絵を使い、考えるポイントとなる部分を指さしたり、○印で囲んだりしてから、それにつ

いて話し合わせる活動

●〇マークのなかに表情を書き込み、比べて見ながら登場人物の心情変化をとらえる活動

●色塗りをし、心情変化についてカラーイメージを用いて話す活動（ピンク↓たのしい気持ち、青↓悲しい気持ち　など）

●心情メーターを描いたり動かしたりして、色の増減を視覚的にとらえながら話す活動

●自分の考えに近い場所に自分の名前のマグネットプレートを黒板に貼り、思いついたことを発言し合う活動

●選択肢のなかから自分の思ったことに近いものを〇で囲む活動

いずれにも共通することは、短時間にできること、感覚的にできることです。黒板や心情メーターなどのツールを使いながら自分がなにを思ったのかを言葉にして話せるように練習していきます。

2　教材の内容を理解する時間をしっかり取り、確認してから本題に入る

教材文を範読し終えたら、挿絵や登場人物のイラストを黒板に貼り、お話の出来事や登場人物の関係性がわかるようにして、どんな人や動物が登場したか、どんな出来事が

あったのかを一つひとつ子どもたちと確認していきます。

また、限られた時間を有効活用するため、教師の範読による子どもたちの教材の内容理解が進むまでの間は、私が読み上げるのではなく、デジタル教科書の読み上げ機能を活用します。

デジタル教科書が読み上げはじめた後、たとえばキツネが登場したらキツネのイラストを黒板に貼る、登場人物が話をしている場面であれば、その場面絵を黒板に貼る、登場人物の行動やセリフなども板書する、必要に応じてイラストやセリフを線や矢印を引くといった感じで進め、デジタル教科書が読み上げ終わったころには、黒板を見れば教材の登場人物や出来事が一目でわかるようになっているようにします。

このようにすれば、範読と範読後の確認を同時並行で進められるので、時間の節約にもなりますし、子どもたちのほうも、およその内容を理解したうえで、話し合い活動に入ることができます。

3　役割演技をしたり鑑賞したりするなど体験型の学習にする

自分が経験したことのないことを想像して考えたり話したりするのは、だれにとってもむずかしいものです。1年生であればなおさらそうでしょう。

そこで考えたのが疑似体験です。教材文の登場人物の行動を真似したり演じてみたりすることで、子どもたちの考える活動をアシストします。私がそうするだけでなく、希望者を募って子どもたちに演技してもらうこともあります。クラスメイトが演じることで、より多くの気づきを得たり考えたりすることができます。

また、ペープサートや人形劇を用いることもあります。子どもたちの集中力は一気に上がりますし、なによりも物語に没頭しやすくなります。

そのようにして演じたり、見て感じたりしたことを語り合う活動をつづけているうちに、子どもたちの想像力が少しずつ鍛えられてきますし、自分と他者との違いについても気づいたり、考えを深めたりしようとするようになります。

子どもたちに、どのようにして道徳科の学びをもたらすか

ここではまず、小学校学習指導要領に定める道徳科の目標を挙げておきたいと思います。

第1　目標

第1章総則の第1の2の(2)に示す道徳教育の目標に基づき、よりよく生きるための基盤となる道徳性を養うため、道徳的諸価値についての理解を基に、自己を見つめ、物事を多面的・多角的に考え、自己の生き方についての考えを深める学習を通して、道徳的な判断力、心情、実践意欲と態度を育てる。

（傍線は筆者）

子どもたちにどのような資質・能力を育むのかという観点で考えれば、「道徳的な判断力、心情、実践意欲と態度を育てる」ことが最も重要な箇所になるのですが、1年生の学習の肝となるのは、「道徳的諸価値についての理解を基に」という箇所だと私は考えています。

そのように考えるのには理由があります。それは、子どもたちの価値観の多様化です。現在の小学校では、昔のような「一大ブーム」というものが起こりません。これは、子どもたちがアクセスする娯楽そのものが多様化していることと関係していると思います。

ゲームであれば、据え置き型のコンシューマーゲームに加えて、スマートフォンで行うソーシャルゲームもありますし、パソコンで行うゲームもあります。加えて、ゲーム・

ジャンルもさまざまで、数え切れないほどのゲーム・コンテンツがあります。アニメ番組もそうでしょう。季節ごとにたくさんのアニメが放送されているだけでなく、サブスクリプション・サービスを活用すれば、かつてオンエアされていたたくさんのアニメを視聴することもできます。

youtubeに至っては、ジャンルもコンテンツも星の数ほどあり、子どもたちに興味のあるチャンネルを聞いてみると本当にそれぞれで、（友達と同じチャンネルを視聴したいからとお互いに働きかけているということでもない限り）たまたま同じチャンネルを視聴しているといったことはまれでしょう。

とはいえ私は、こうしたことを批判的に考えているわけではありません。娯楽が多様化したことで、「そんなのダサいよ」とか「おもしろくないよ」などと言って、他者の趣味や好みを否定することが少なくなり、印象としては「だれがなにを好きだろうが、かまわない」という感じで認め合っているように見えます。この点はポジティブな側面だといえるでしょう。

その一方で、娯楽の多様化によって流行《はやり》の規模は小さくなり、子どもたちは同じメディア、同じコンテンツといった共通の話題で盛り上がるということがむずかしくなったとも思うのです。

こうしたことは、(善し悪しではなく)子どもたちの価値観に大きな影響を及ぼしており、「なにをもって道徳的であるか」といった道徳的諸価値についても丁寧に扱う必要があると考えています。道徳科授業を通じて、学級全体で共有できる「共通解」をつくっていくうえで欠かせない配慮となるからです。

●友達と仲よくするとたのしいよね。気持ちよく過ごせるね。
●だれかに親切にすると喜んでもらえるし、自分もいい気持ちになるね。
●命はひとつしかないから、大切にしないとね。
●やめたくなっても、あきらめないでがんばりつづけると成長できるね。

こうしたことを共通解としてもてることではじめて、「では、本当のところ自分はどうだろう?」と自己の生き方について「納得解」を考えられるステージに進むことができるのだと思います。

そうはいっても1年生ですから、「元気にあいさつしたい」とか、「友達に優しくして仲よくしたい」で十分。子どもたちがそう思える過程で、ありのままの自分自身と向き合い、自分なりに考えられるようになっていればよいのだと思います。

道徳科の授業開きで子どもたちに伝えていること

教室にも掲示している三つのキーワードを紹介します。

①自分のために聞くこと
②人のために話すこと
③未来の自分のために書くこと

①は、他の人の考えを聞くことです。新しい考え方や自分と周りの人との違いに気づけるようになれば、人とのよりよいかかわり方を学ぶことができるようになるので大切にしています。

②は、自分が経験したことや考えたことを語ることを通して、それを聞いた子が新しい考えに気づいたり考えたりすることです。一緒に学んでいる人たちのためにも、考えたことはぜひ積極的に話してほしいと考えています。

③は、聞いたことや考えたことをワークシートに書き残しておくことです。授業中に

一生懸命考えたり書いたりしたことも、少しすると忘れてしまうものです。そこで、未来の自分が考えたり思い出したくなったりしたときに振り返られるようにする取組です。

この三つのキーワードを徹底していると、次第に子どもたちは「ちょっと恥ずかしいけど発表しようかな」とか、「友達の意見もメモしよう」などと言い出して、意識しながら学習に取り組むようになっていきます。

ただし1年生のうちは、教師以外の他者に対して積極的に興味を向けようとしない子どもが少なくないので、右に挙げた変化は、どちらかというと授業というよりも普段の生活のかかわりの変化として表れてくるように思います。

＊

『思考が人生を変える』という言葉があります。現代のストレス社会を生きていくうえで、本当に大切なことだと思います。単純化していえば、「何ごともポジティブにとらえてやっていこう」ということです。

人は、よいことよりも嫌なことに目が向きがちで、その気持ちは心のなかに棲み着こうとします。ネガティブな感情は体力や健全な思考を奪いますし、周囲にも悪影響を及ぼします。

たとえ1年生であっても、自分自身でポジティブに、前を向いていこうとする心を強くもてることが、小学校生活を豊かにします。

第2章の冒頭では、1学期は子どもたちの手を取り、しつけを通して教師が引っ張っていくことの大切さを伝えましたが、これは「最初が肝心」だからにほかなりません。本当に重要なのはその先で、1年間かけて次に挙げる事柄を理解し、少しでも自ら主体的に行動に移せるようになることです。

●一人ひとり、みんな違う、個性は悪ではないこと。
●さまざまな考え方の人がいること。
●返事や相槌をしないのは、無視するのと変わらないこと。
●迷惑をかけることでなければ、自由であること。
●考えることは自由だが、声に出したら責任が伴うこと（心の声と聞こえる声）。
●苦手な人がいるのは悪くないが、攻撃するのは悪いこと。
●失敗することは成長のために大切なこと。

SNSが子どもたちにどれだけの影響を与えているのか計り知れませんが、毎日教壇に立ち、子どもたちと接していて思うことがあります。それは、小さな失敗を一生懸命隠そうとしたり、すぐに心が挫けたりする子どもの姿です。そうした一人ひとりの子どもの心に寄り添いながらも、道徳科授業を通じて「自分ならこうしてみたい」「きっと巻き返せるはずさ」「失敗はこわいけど、悪いことばかりじゃない」などと感じて、タフな心を育てていってほしいと願っています。

子どもたちが小学1年生として過ごすこの1年間こそ、子どもたちが成長する土台となるものです。世の中のさまざまなことに目を向け、自分で考えたり、友達の異なる意見を聞きながら見分を広めたりして豊かな心を耕していく。この繰り返し、積み重ねこそが、子どもたちの道徳性を養っていくのだと私は思います。

おわりに

本書で取り上げた月齢別クラス編成（横小スタートカリキュラム）をはじめとするスタートカリキュラムを実施するのは本当にたいへんです。現在は、「働き方改革」の波に押され、実施校がどんどん減っていき、私の勤務地では市内で2校しか残っていないと聞きます。

私自身も採用2年目の年にはじめて1年生を受けもち、月齢別クラスに取り組みはじめた当初は、毎日のように帰りが遅く、疲労が溜まって体調を崩してしまうこともあって、友人たちから転職を勧められたことがあったくらいです。

そんなある日、市の研修で「月齢別クラス編成は本当にすばらしいから、守ってね！」と言われました。横小でスタートカリキュラムをつくり上げた先生から受けた言葉です。

そんな励ましの声に背中を押され、仕事にも慣れてくるうちにだんだんと、スタートカリキュラムがどれだけ1年生の子どもたちの助けになっているのかに気づけるようになっていきました。学年間の子どもたちのつながりを強固なものとし、進級してからも、行事や委員会活動などにもよい影響を及ぼしていたからです。

しかし、たいへんであることに変わりはありません。なんとかスタートカリキュラムのよさを残しながら、先生方の負担を減らせないものかと考えるようになりました。2回目に1年生を担当した年、スタートカリキュラムの担当になった私は、デジタル化を推進し効率化を図っていきました。その間にも周囲からは「スタートカリキュラムやSSTは本当に必要なの？」「先生方の負担に見合う効果がある？」といった声が聞かれました。

そのようなとき、「やるなら効果が出るように徹底的にやろう」と言ってくださったのが、岡崎広志校長（当時）でした。SSTの単元構成表をつくり、「自由に変えて使ってください」とデータをくださいました。

「いくら働いたって成果が見えにくい仕事だ。残業代も出ない。そんなに一生懸命になる必要が本当にあるのか」などいう声を聞くこともあります。たしかに、そうした面があるのは否めません。

しかし、学校は、未来を担う子どもたちが豊かに生きていくうえで必要なことを学び育つ場です。それを支えるのが教師です。いろいろなことを言う方がいますが、その大切さを否定できる人はいないはずです。そう信じて、一生懸命にやっていけばいいのではないかと私は思います。

メディアリテラシーが当たり前のように求められるストレスフルな社会です。そうした時代のなかで、一教員になにができるのかと考えつづけていますが、一つたしかなことが言えるとしたら、対症療法的な一方的な教え込みでは、子どもたちが必要とする学びを提供することはできないということです。

変化というものを脅威として受け止めるのではなく、〝なんだかおもしろそうだ〟とポジティブに受け止め、仲間とともに〝どうしたら少しでもよくなるか〟と行動に移せる柔軟な資質・能力が、これからの時代を生きていく子どもたちに、よりいっそう必要だと思います。

私は『機動戦士ガンダム』の生みの親である富野由悠季監督の大ファンなのですが、監督の最新作『ガンダム　Gのレコンギスタ』というアニメのなかで、こんなセリフがあります。

「世界は四角くないんだから！」

現代の子どもたちは、四角いテレビやスマホ、タブレットなどを通じて見聞きしたことをすべてだと受け止め、〝そのことはもうわかってる〟と思いがちです。しかし、それは氷山の一角どころか、一角でさえないかもしれないのです。なぜなら実体験を伴わない知識は、実社会・実生活においてほぼなんの役にも立たないからです。

実際、なにかしら窮地に立ったとき、自分を奮い立たせてくれるのは、それまでに積み重ねた経験にほかなりません。そうした経験があるからこそ、未知の出来事に遭遇したときにも、「冒険に出よう！」という前向きな気持ちで向かっていけるのだと思います。

学校での学びも同じです。実際に体験したり見聞きしたりすることを通して、はじめて自分のものとなります。疑問に思ったことを放置せず、向き合い、解き明かす術を身につけ、仲間と協力しながら課題解決していけるようにすることこそ、子どもたちに必要なことであり、学校はそのためのトレーニングの場だと思うのです。

＊

本書の制作にあたり、東洋館出版社の高木聡さんには、多大なるお力添えをいただきました。自分のこれまでの実践を文字に起こしてみるというのは予想以上にむずかしいことでしたが、慌ただしく過ぎていく日々の失敗や成果を振り返り、これからの取組にもいかしていけるという自信をもつことができました。本当にありがとうございました。

最後に、横山小学校の中山章治前校長や岡崎広志元校長、新磯小学校の佐々木隆校長をはじめ、同僚のみなさま、子どもたちと保護者のみなさま、これまでの取組を支えてくださったすべてのみなさまに厚く御礼を申し上げます。

令和7年2月吉日　元山　瑶子

元山 瑤子（もとやま・ようこ）

相模原市立新磯小学校教諭

日本大学法学部卒。日本道徳教育学会神奈川支部役員、日本道徳科教育学研究学会役員、道徳教育推進教師、支援コーディネーター、幼保小連携、スタートカリキュラム、ソーシャルスキルトレーニング、MIMなどを担当し、特に道徳や低学年児童の効果的な学びに興味をもち、研究中。

［主な著作］田沼茂紀編『道徳科授業づくりオムニバス』（分担執筆）、東洋館出版社、2022年12月

2年生になっても学級が崩れない

小学1年生の育て方

2025（令和7）年2月20日　初版第1刷発行

著　者　元山瑤子
発行者　錦織圭之介
発行所　株式会社　東洋館出版社
〒101-0054　東京都千代田区神田錦町2-9-1
コンフォール安田ビル2階
代　表　TEL 03-6778-4343／FAX 03-5281-8091
営業部　TEL 03-6778-7278／FAX 03-5281-8092
振替　00180-7-96823
URL　https://www.toyokan.co.jp
装　幀　中濱健治
印刷·製本　藤原印刷株式会社

ISBN978-4-491-05440-7　Printed in Japan